Short Shots 2

Behold!
Our hands are branding irons
as we touch each other's soul.

~ Candice James,
(excerpt from 'Branding Irons') pg.21

Short Shots 2

Also by Candice James

Imagination's Reverie *(Silver Bow Publishing)* 2023
Spiritual Whispers *(Silver Bow Publishing)* 2023
Atmospheres *(Silver Bow Publishing)* 2023
The Depth of the Dance *(Silver Bow Publishing)* 2023
Behind the One-Way Mirror *(Silver Bow Publishing)* 2022
The Call of the Crow *(Silver Bow Publishing)* 2021
he Path of Loneliness *(Inanna Publications)* 2020
Rithimus Aeternam *(Silver Bow Publishing)* 2019
Haiku Paintings *(Silver Bow Publishing)* 2019
The 13th Cusp *(Silver Bow Publishing)* 2018
Fhaze-ing *(Silver Bow Publishing)* 2018
The Water Poems *(Ekstasis Editions)* 2017
Short Shots *(Silver Bow Publishing)* 2016
City of Dreams *(Silver Bow Publishing)* 2016
Merging Dimensions *(Ekstasis Editions)* 2015
Colors of India *(Xpress Publications India)* 2015
Purple Haze *(Libros Libertad)* 2014
A Silence of Echoes *(Silver Bow Publishing)* 2014
Shorelines *(Silver Bow Publishing)* 2013
Ekphrasticism *(Silver Bow Publishing)* 2013
Midnight Embers *(Libros Libertad)* 2012
Bridges and Clouds *(Silver Bow Publishing)* 2011
Inner Heart, a Journey *(Silver Bow Publishing)* 2010
A Split in the Water *(Fiddlehead Poetry Books)* 1979

Short Shots 2

by

Candice James

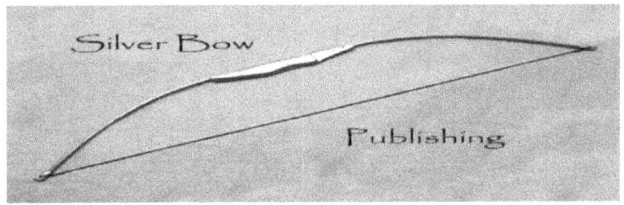

Box 5 – 720 – 6th Street,
New Westminster, BC
V3C 3C5   CANADA

Short Shots 2

Title: Short Shots 2
Author: Candice James
Copyright © 2023 Silver Bow Publishing
Cover Painting: "Parachute Splashdown" Candice James
Layout/Design: Candice James
ISBN: 9781774032633 (print)
ISBN: 9781774032640 (ebk)j

All rights reserved including the right to reproduce or translate this book or any portions thereof, in any form except for the use of short passages for review purposes, no part of this book may be reproduced, in part or in whole, or transmitted in any form or by any means, electronically or mechanically, including photocopying, recording, or any information or storage retrieval system without prior permission in writing from the publisher or a license from the Canadian Copyright Collective Agency (Access Copyright)

Library and Archives Canada Cataloguing in Publication

Title: Short shots. 2 / by Candice James.
Names: James, Candice, 1948- author.
Description: Poems.
Identifiers: Canadiana (print) 20230474306 | Canadiana (ebook) 20230474357 | ISBN 9781774032633
   (softcover) | ISBN 9781774032640 (Kindle)
Classification: LCC PS8569.A429 S462 2023 | DDC C811/.54—dc23Email: info@silverbowpublishing.com
Website: www.silverbowpublishing.com

Short Shots 2

This book is dedicated to
fans of SHORT poems

Short Shots 2

Contents

Night's Voice ... 9
I Who Was Dead ... 10
Therefore I Am ... 11
Human Vessels ... 12
On A Cloudy Day ... 13
Sunlight Into Fog ... 14
Cold Charcoal Ashes ... 15
Contrary To Popular Belief ... 16
Paradise ... 17
Come To Me ... 18
Looking ... 19
Black Swans Circling ... 20
Branding Irons ... 21
Beachcombers ... 22
Sacred Free Fall ... 23
Sunlight And Ice ... 24
The Sands Of Eternity ... 25
The Storm And I ... 26
The Thunder Rolls ... 27
The Forgetting ... 28
A Frozen Tear ... 29
Monet Dreams Dreaming ... 30
Lilac Butterflies ... 31
A Spring Too Far ... 32
A Thousand Voices ... 33
Phantom Dance ... 34
Dying Of Thirst ... 35
The Dance ... 36
My Own Lonely Space ... 37
Directionless ... 38
Sides ... 39
Alone Feels More Lonely ... 40
A Comfort Of Sorts ... 41
Far Away Tears ...42

Shattering ... 43
Dust ... 44
Dust On The Doorstep ... 45
Disappearing ... 46
January's Lost ... 47
Limitless Slumber ... 48
That One Drop Of Water ...49
Aging Mirror ... 50
The Edge Of Dreams ... 51
Alone ... 52
The Page Of This Moment ... 53
Gathering Of The Dream ... 54
Expense Of The Hours ... 55
A Song In The Emptiness ... 56
The Hours ... 57
As I Lie Underneath And Deep Within ... 58
Autumnal Equinox ... 59
Hidden ... 60
Poet And Sailor ... 61
A Candlelit Dream ... 62
Delightful Deception ...63
Fractured ... 64
Hardened ... 65
The Fading Echo Of Life ... 66
The Icing On My Soul ... 67
The Brim Of An Ebony Sky ... 68
Shuffle ... 69
Lone Orca ... 70
My Name ... 71
I'll Wonder ... 72
Summer In Your Hair ... 73
The Seagull's Cry ... 74
The Spider ... 75
The Waters Of Sleep ... 76
Voices Of Yesterday ... 77
Waning, Blending, Gone ... 78
Author Profile ... 79

Night's Voice

An opaque loneliness abounds
       and surrounds
          day's fade
like a pale wrinkled shroud
in a ritual of sacred prayer.

     Night's voice
       whispers
     then thickens
  as twilight tightens her fist
on the last remnants of daylight.

I Who Was Dead

I see your face
and your smile.

    And I who was dead
        am alive again
as I dive into the glow of your eyes.

    Have I ever told you
    when I see your face
    or hear your voice
the world becomes a love song?

    It's true.

And when I touch your hand ...
    I, who was dead,
        am suddenly alive again

Short Shots 2

Therefore, I Am

I am the essence of sundown
        at the crack of dawn
The sun's zenith
        hidden inside midnight's palm

              I am
      part of a tiny wrinkle on God's face
            therefore I AM

              and
            will ever be.

Short Shots 2

Human Vessels

A man and a woman
   melting together
on a mattress of sultry dreams.

Outside the weather
   is undecided.

     Inside the mood
   is wired with desire.

Human vessels in their element
      electrify.

On A Cloudy Day

Peering through invisible windows
walking through divisions of time
I search to catch a glimpse of you,

> *How many times must I die*
> *in this life*
> *to be resurrected*
> *in your eyes once again?*

Life is full of little murders.
Most of them, disguised, go unnoticed.
Some bloodless, some gory,
but none of them ever innocent.

On a cloudy day
I try to envision that sunny day I lost.

> I still see you
> walking away from me.

> > On a cloudy day
> > I try not to cry.

Sunlight Into Fog

Things that meant a lot
are less important now.

Feelings:
      Growing.
      Going.
      Gone.

You've dissolved
      in my tears.

           Like frost on the grass.
           Like sunlight into fog.

Short Shots 2

Cold Charcoal Ashes

You rise from the ashes
of my indifference.
A phoenix ready to claim new ground
searching for an ember or spark;
but there are no remnants
of yesterday's song or sound.

No echoes of a past revelation.
No love left; only cold charcoal ashes.

Short Shots 2

Contrary To Popular Belief

The sun does not
      rise in the east
      and set in the west.
It rises when you open your eyes
and sets when you lie down to rest.

Paradise

Paradise
     once an illusion,
        seems within reach
      when you are near me.

Come To Me:

When you're lonely
    I will stay with you.

When you're sad
    I will ease your sorrow.

When you're in need of a soft caress
    I will lay my hands on you.

When you need to be loved
    I will love you.

I will love you.

Looking

Looking into the universe
does not mean seeing it.
      Looking into your eyes
        does not mean knowing you.

            Trying to find your heart
                is lost to me.

Black Swans Circling

We lay beneath the weeping willows
watching the black swans at midnight
circling the moonlit cut glass lake.

    We are the lovers
      sinking into love's lake
stilling the earth and everything in it
in the crush of our human explosion.

    We are the swans.

Branding Irons

Our evil and magic
blend so magnificently
in the guise of primal passion.

      Behold!

Our hands are branding irons
as we touch each other's soul.

Beachcombers

Standing on the gleaming back of the ocean
    they sew the ebbing sun
       to an evanescent moon
and lay them on a twilight robe of pastels.

   Then,
as the darkness undresses,
    the ocean

          f
         a
          l
           l
            s

                asleep

   and

gliding on their shadows,
  the beachcombers

     F a d e

      away.

Sacred Free Fall

Above the lip of a pristine blue lake,
I saw angels in flight touching down.

      In a moment of madness
      the sun kissed the moon
  and imagination's children were born;
    raining down sweet inspiration
                      onto
              poets,
        musicians,
    artists
and sages
              in
    reverent and sacred free-fall
        above the lip
      of a pristine blue lake.

Sunlight And Ice

I travel through a double dream
of dampened pebbles and crushed rose petals
    binding my eyes with sunlight and ice,
        whetting the lashes of time.

I balance
        on diamond dust and silver threads.

I become a sacrament:
        to an angel's sigh,
        to a windblown wish,
        to myself being reborn
          into the singularity
            I am.

Short Shots 2

The Sands Of Eternity

A ghost town on the Aegean emerges,
looming large against the soft shoulders
of the whirling, swirling mist.

Hazy white alabaster and marble dwellings
       stand humbled yet stately,
resonating softly in a stir of harmonies
        then slowly crumble
          into the sands of eternity.

The Storm And I

Slices of shadow and shimmer.
Slices of rainbows and rain.

    A stormy evening:

A torn and tossed wind
    dissolving in misty tears
under the half-mast eyelids
    of a pale fading sky.

The storm and I,
    both of us,
        older than time.

The Thunder Rolls

I stand in a hard rain
staring at the cold river;
my eyes as vague as fading winter sparks.

      The day dissolves.
Night chews on the last remnants
      of a bruised twilight sky.

Appetite sated, she licks her lips
      and the thunder rolls.

Short Shots 2

The Forgetting

I forget things now
with a bit more frequency;
      but there is a comfort
      in the forgetting.

      The aging process
      needs the forgetting
            to prepare us
            to leave the familiar.

A Frozen Tear

I long to talk to the trees again.
To walk barefoot and free on the beach
back to the roots of the me I lost
so many distant moons ago.

But, alas, we can't go back.

Time is shivering, standing still,
and I am a frozen tear.

Monet Dreams Dreaming

I gaze through the windows of my soul
at the sky unfolding:
Ink blots and blurs of turquoise
smeared against the twilight sky.
Monet dreams dreaming.

        I sit,
somewhere between my signature
and the half-written page,
watching the ebbing dusk
flow into the hard-edged corner
of a twilight star.

I see the world dim
in slow-motion fade out
as I sign my name
to another day...
passed away.

Lilac Butterflies

Long, long ago,
I once sat with the lilac butterflies.

A cool rain fell softly onto summer's poetry.
       I laid nestled inside its pages
         while the lilac butterflies slept
              inside their dark purple dreams.

Tonight, I will walk
       the desert sands of my heart
           beneath an aging twilight sky
              trying to recapture
           the lost lilac butterflies of my youth
     with my tarnished magic wand
and my tattered net of poetry.

A Spring Too Far

The Summer winds have faded.
The Autumn leaves have fallen.
    The chill of Winter
    is too cold this year
        to hold any promise
      of Spring or renewal.

      I stand in silent hope
     wishing for,
      dreaming of
       a Spring too far.

A Thousand Voices

A thousand voices
           ping and ring
           through the land I am.

I try to construct a sentence
        of music, song and angels' breath;
            but the consonants
              asleep in the vowels
                  are losing coherence
              in the saw-edged corners
                  of my disappearing syllables.

And though a thousand voices ring and ping,
        the only voice I hear is yours.

Phantom Dance

The sky is a dazzle of starlight.

A hard rain spills
in punches and jabs.

The wind whirls and swirls,
hums and drums.

I move toward the phantom voices
inside the citadel of my night
to dance with ghosts
inside a forgotten song.

Dying Of Thirst

Alone and afraid,
I cross each smile
with a tear.

Depression
is miles above me now.

I am the lost water
of a desert dream;
dying of thirst
without you.

The Dance

The dance begins.

A bittersweet haze
wraps its arms around me,
      holds me prisoner
      whispering

      'You can stop dancing
      but you can never leave.'

Each night
the dance lasts longer and longer.

Through the haze
      I hear my phone ringing.

      It keeps on ringing and ringing
        but I can't answer it.

      I'm lost in the dance.

My Own Lonely Space

I sit,
    quietly disoriented
        beside you,
    drifting into a daydream.

    The fog of forgetting
        has invaded.

    Time passes.
I turn to look at you
  and see only
    a stranger.

Alone and anonymous,
  I close my eyes
      and quietly re-enter
      my own lonely space
          once again.

Directionless

I can't seem to unzip this night.
The north star has gone into hiding.
      My compass is broken.
          I'm lost
and direction has become impossible.

    This fog crept over me
while I was sleeping inside a dream.

      I'm awake now.
        Still lost.
    Directionless.

      AND –

I've lost the dream too.

Sides

Outside
        the sky bends down
        to kiss the ocean.

Inside
        my shadow flees from the light
        into the land of endless night.

    I stand
        beside the empty chairs
       inside the lonely room
          waiting
      inside a dim forgetful silence.

Outside
    a waxing moon
    shines the ocean's face.

Inside
     the room and I shiver
    inside the crushing loneliness.

Short Shots 2

Alone Feels More Lonely

On wet gray days
clouds blanket a slow moving sky.
Rain murmurs in small tones
like damp petal flutes and muted violins.

Minutes and hours
parade by in broken pieces
like unsolved jigsaw puzzles
the texture of exhaled breath;
the colour of an unnoticed death.

On wet gray days
alone feels more lonely.

A Comfort Of Sorts

A white love-bird
flying in the sky
delves farther into the purple haze;
then ...   instantly invisible.

White clouds are in evidence
eating up purple patches of air,
chasing the sun
into a distant corner of the universe.

The mountains,
are vague blotches
on the fog-riddled horizon:
Not silver.
Not blue.
Not white-capped.

They loom in the distance
like disappearing islands.

It's less relaxed now.
Nothing seems to be at peace.

It make me feel more comfortable.

Short Shots 2

Far Away Tears

Falling, falling:
    Faraway tears from a distant dream.

    Slowly I reach for my guitar,
        strumming
        the strings,
        the air
        and the moment
            onto the fingers of time.

I try to sing the faraway tears
into a brand-new melody
        and sew the soul electric
        to the water colour sky
        and onto the fabric

        of now

    where I stand patiently waiting,
        somewhere,
in between the seconds and minutes

        of then.

Shattering

When the dark sky curls its cold arms
around my stiff glass body
and tightens it's embrace
there is a shattering of unseen emotions
that speak in hieroglyphs and tongues.

My heart sighs and wrinkles
inside this glass body;
this glass turning fast to crumbling shards.

Behind the drawn curtains of night,
    I sit in empty silence
 beneath a blue, eclipsing moon
       slowly, slowly
         shattering.

Dust

Dark age shadows
on my face,
on my body,
in my soul.

Inside this cold, I hunker down.
Knowing the frost and ice will come.
Knowing I am out of season,
past my *"best before date"*.

    I turn to frost,
    then ice,
    and finally
      dust.

Dust On The Doorstep

Memories ...
dust on the doorstep,

Fading perfumed days
still clinging
in the hush of the wind.

Hazy images,
stories swirling in the dust;

Stories I thought I might become,
burning brightly for a moment
then floating away
on a weathered birch bark canoe.

>   Drifting
>   at the edge of my mind.
>   Fading into the horizon.

The wind picks up speed
as the memories,
and my footprints
    disappear ...

like dust on the doorstep.

Disappearing

Quiet mornings.
Afternoon atmospheres.
Nondescript evenings.

Yesterday dialogues
whisper,
ebb softly,
into the encroaching night

The season and I
    disappearing ...
like frost on the grass.

January's Lost

My mind starts to wander
and I'm lost to this world.
I'm a child again
walking the shorelines
of yesterday's beach.

I feel like a whisper
trapped in a choked shout.
The ceiling's flown away
and my boat's on the rocks.

I am December fading away.

      January's lost;
  and won't come again.

Short Shots 2

Limitless Slumber

If I do not lie next to you now
in this winter season of our lives.

And if I do not rest next to you
in this lifetime,

I will
in the endless days and nights
of our limitless slumber.

I will.

That One Drop Of Water

In the winter of my years
you are a ray of blazing sunshine
lighting up my hazy world,
burning the chaff
off my worn and weary heart.

And I am
that one drop of water
sent to slake your spirit;
destined to quench your thirst.

Aging Mirror

Alone In the bourgeoning hush of night
there's a clatter and rustle of leaves
in the autumn equinox of my mind.

I am the aging mirror of my childhood.
A glint in the crease of elusive dreams
where every street is an avenue
and the avenues are forever.

The Edge Of Dreams

Evenings alone,
in the dark of my own making,
semi asleep; hazing, dimensionalizing.

Days alone,
in the heart of my privacy
skipping stones and gathering shells,
remembering the sound of waves.

The edge of dreams an illusion.

Alone

I walk down yesterday's lane,
alive with shadows and light,
which I'd hoped would follow me home
and warm the lonely evening chill:
       so lonely ...
            so full of loss...
                  alone.

The Page Of This Moment

I pressed tears and rain
into blazing poems,
and whispered them
into the wings of distant birds
to carry the ink of my words
and spill them
onto the page of this moment
that you may read them
and know I care.

Short Shots 2

Gathering Of The Dream

The dream ends and breaks away
in scattered pieces of stolen soul.
Lost in the colours of its image
the spirit flies past heaven's door
in search of bygone days now lost
to the smoky rose of dawn's twilight.

    And I have lost my voice.

In the dull crack of mirrored truth
I search through shards of broken glass.

Locked in the flash dance of timeless time:
    The gathering of the dream.
    The nights of endless sleep.

Expense Of The Hours

Sweet songs of the past
        have long since been digested
                in the echoes of lost time;
and I am still sequestered
        in the moments of life
             counting the seconds and minutes
                  at the expense of the hours.

A Song In The Empitness

        Reflections
    ebb and, flow,
reverberating down a rabbit hole,
      into the nothingness
      that leads to everything,
where I am part of the drifting haze.

The silence is never-ending and thick
      yet, somehow, I still hear your voice,
vibrating on a violin string,
      slowly becoming a chord,
          a melody,
      a song in the emptiness
        leading to everything;
   singing me back to where I belong.

The Hours

Glorious moments
creep into the everyday mundane actions
of seconds transcending minutes
to punctuate the true meaning of the hours.

And ... what are hours?
        They are chunks of eternity
sliced by the knife of infinity.

The hours speak to themselves;
        and the fallout of these conversations
are the minutes and seconds we live out
        in our stream of consciousness
                spilling onto real-life mosaics.

We are the paintings.
        We are the artists.

We are the creators created by the creative
        coming to be
                again and again
        in the cascading hours of life.

As I Lie Underneath And Deep Within

A sudden frost-bound wind
      swirls softly
through ice-riddled fields of dearth,
      and whistles
through the whispering pines,
      as I lie underneath
      and deep within.

The trance-like rhythm
of the branches snap their fingers,
in stony-faced repose,
to the atmosphere.

The bridge that overlooks the eddying stream
      creaks to the drumbeat
        of a thousand sighs.

I take no heed of the brackish gathering clouds
 that threaten high above my cold tombstone.
        I am:
      deaf to all the words you never said,
      dead to all the deeds I left undone,
        as I lie underneath
        and deep within.

Autumnal Equinox

I looked up from my papers
and suddenly it was winter,
the trees across the street hung with snow;
and all the flowers dead and gone.
The frost-split pavement
was ablaze in the cut of a January sun.

A million moments passed me by.
I turned back to my papers ...
          and then ...
when I looked up again,
suddenly it was summer
and spring was only a passing thought
in the autumnal equinox of my mind.

Hidden

To tell the truth,
I can't tell the truth from a lie.

Mouths and lips lie
and sometimes eye lie;
but what resides in the heart
never lies.

Most times
what truth lies in the heart
is hidden.

Sometimes,
even from the heart
it resides in.

Poet And Sailor

Somewhere a poet is honing his craft.
Somewhere a sailor's adrift on a raft.
They have two things in common:

>Paper and fountain pen.
>Water and oar.

>The ink marks the paper,
>the oar marks the water.

>One forever.
>One fleetingly.

A Candlelit Dream

Walking the sky with a candlelit dream
I'm a glass ghost riding the waves of the sea,
alone in the sound of a solitary word,
surrounded by music that's never been heard.

And I am at peace
with the sound of the waves
and the flow of the music
inside the glow of a candlelit dream.

Delightful Deception

I trace my raised veins
through the pathways of my life.

I stumble over
one of memory's hidden scars;
the residue of a war lost
that recalls itself as a victory.
It slowly slip-slides away
on a film of deception;
and I choose to believe it's true
as I forge the delusion in fire.

I conjure up a brand-new image,
beyond imagination,
and imagine it to be true.

This is a moment, an hour,
a week, month and a year
in the life of a poet
walking a tangled wire
on the coveted path
of wishful thinking
and delightful deception.

Fractured

When I was wet kindling
      and you were summer fire,
the spine of the river fractured.
      The bones of the ocean broke.
The fragile skeleton of hope dissolved
      in a sea of ebbing dreams.

      The kisses you gave me
      have faded now.
           Dead birds in my soul,
           they still fly wingless
           through my days and nights.

    My heart is torn driftwood
stranded on a beach of shattered tears ...

        fractured.

Hardened

If these trees hardened
            then splintered
       they'd make the ear-splitting music
           of ice-cold screams
       and the grass would shriek
           in a chorus
       of a thousand deaths,
       reminiscent of the day
your heart hardened
       and mine splintered
           and our souls split
       into the cold death
           of the broken music
       we'd never, ever play again.

The Fading Echo Of Life

I lay lost and forsaken
on a beach of scattered dreams
that can never reconnect.

It's always dawn or dusk.

I am baking and freezing
caught in the cringe and crease
of invisible light and dark
haunted by the absence
of suns, moons and stars.

Malingering on this beach
of scattered broken dreams,
and promises cast aside,
I'm alive, yet dead,
trapped in the fading echo of life.

The Icing On My Soul

Black fires at midnight
on silver-stained beaches
        at the edge of blue pearly waters
                kept my heart warm
                in the freeze of love's sorrow
      as the frost in your heart
grew deep with despair.

      Imaginary doors became real
          and rose up.
locking me out of the heart I once owned
    and I saw you fading, fading away.

Now, a million miles away from my hope
        the black fires at midnight
        have become charcoal sand
        at the edge of dark indigo waters.

My heart is frozen
        in the crease of my sorrow,
        in the crack of love's tears,
              and the frost you left me
              has become
                      the icing on my soul.

The Brim Of An Ebony Sky

The haunting song of a lone violin
      echoes in the strum of my soul,
      vibrates on the strings of my heart.

The tide's coming full
      in the push of moon's pull
           encroaching on the horizon.

The song melts
      through daylight's ebb
      and dissolves inside night's top hat
        leaving only an slight echo
           on the brim of an ebony sky.

Shuffle

You moved into
the atmosphere of the dance
    and shuffled to
the uneven beat of my heart.

I had been 33 shades of fog
    layered and woven
        into a fading rain.

Wet with the tears
    of an unfinished song
I stiffened inside the forgotten notes
    I left on the dance floor of love.

        A cherished memory turns cold
        in the heat of another lonely night
          where you shuffle
        to the uneven beat of my heart ...

        no more.

Lone Orca

A lone Orca
      enters the bay;
           black and white paint
    permeating blue canvas.

When the whale vanishes
      the watermark
           will retain an invisible hue;
    to enrapture the seeking eye
          and thrill the hungry heart.

My Name

Escaping from consciousness
        into someone else's dreamscape,
I search for the missing objects I've lost
        along with the letters of my name.

I travel the shadow of my soul
        and unravel the pages
                that used to be me.

I'm standing amidst my baggage,
        without a destination
                begging a passerby
                      to take my hand
and take me to the land of the lost alphabet,
        that I may find my missing letters
                and know my name again

        Whisper my name.

        If you say it
        I will hear it and know it
        because it is you who whispers it.

I'll Wonder

Tonight in my lonely world,
far, far away from you,
I'll lie down on the whim of a vagrant wish
and a wrinkled stone pillow of dreams;
and I'll wonder at the spin of the earth
and the angle of its axis;

and I'll wonder
where you are.

Summer in Your Hair

On a far and distant horizon
where the sun kneels down to the sea
I watched your eyes close over love
as you walked away from me.

Today inside my fading shadow
I dance to broken musical scores
trying to find the long-lost key
to open locked and fragile doors.

Questing and riding on whispering tides
tomorrow I'll set sail anew
searching for that lost horizon
and the old, gold days of me and you.

If love is kind you'll still be there
with summer glistening in your hair.

The Seagull's Cry

A solitary seagull's cry
    stabs the lonely sky.

    Invisible blood spills
        from its surreal cicatrix.

*   There's a living dream being drawn
    through the eye of heaven's dawn.*

When the seagull disappears,
    the echo of its cry
        still stains the wounded sky.

Short Shots 2

The Spider

The wet spider's web
  gleams in the aftermath of the rain
  and the rays of an emerging sun.

A rainbow banners its intricate design.

Inside this early morning stillness
   the spider awakens
  to spin new dreams in his web.

  The day ebbs slowly to night.

Under the watchful eyes
  of a billion twinkling stars
  the spider spins another dream
    deep in the dream
      of a dream.

  The spider falls asleep
  in the sleek black waters
    of a midnight sigh
  deep inside the dream
     of a dream..

The Waters Of Sleep

Descending into sleep
      in the embrace of soft music
           I begin to wander
the dark velvet meadowlands of night.

I ride the consummate coat-tails
      of the music;
It continues to compose itself
      as I slide into the glove
           of the dream chasing me.

    Hand on heart
         and palm in glove
            I fall into
the comforting waters of sleep
consumed with the promise
  of what dreams may come.

Short Shots 2

Voices of Yesterday

Today,
        pale music from the past
        fills every room in my mind.

Voices from yesterday
        approach from all directions.
The fading blue from my eyes
        runs like watercolor down my cheeks.

In the mirror, I'm fading:
                to grey,
                to pale,
                to invisible.

        The full moon has fallen to its knees
        and broken the fragile string of life.

Today,
        I am sinking into deep water
            the color of pastel music:
            a sweet serenade
        sung by the voices of yesterday ...

            the voices I know so well.

Waning, Blending, Gone

Beneath a waning blue sky
       a solitary figure
              haunts the lonely shore;
a pale gray charcoal mist
          blending into the fog.

When the figure is gone,
      the ebbing shoreline
            releases the invisible mark
to swim within the waves.

As the fog thickens
  on the waters
       the sky disappears
     along with the solitary figure ...

that was never really there.

AUTHOR PROFILE

Candice James served 2 terms (2010-2016) as Poet Laureate of New Westminster BC CANADA and was appointed Poet Laureate Emerita by order of City Council in November 2016. She is also a visual artist; a musician; a singer/songwriter; a workshop facilitator , book reviewer; and the author of 22 books of poetry. She is also co-author with Matthew Jose re the "Double Trouble "far out fantasy" poetry series Volumes 1 through 5". Her poetry has been translated in Arabic, Bengali, Farsi, Chinese, Italian and French and has appeared in a variety of international anthologies and magazines.

She is also Founder of Royal City Literary Arts Society; Poetic Justice; Poetry in the Park; Poetry New Westminster; RCLAS Singer Songwriters; Fred Cogswell Award for Excellence in Poetry and she is the recipient of the Bernie Legge Artist Cultural Award and Pandora's Collective Citizenship Award.

Candice's paintings and artwork have appeared in many magazines internationally including Duende (Goddard University of Fine Arts, Vermont); SurVision, (Ireland); The Arts and Entertainment Magazine (Hollywood); CQ International, (New York); and Wax, Poetry Art Magazine (Canada). Her songs have been recorded and released by many recording artists in North America and Europe.

For further info visit

www.silverbowpublishing.com
or
www.candicejames.com

www.ingramcontent.com/pod-product-compliance
Lightning Source LLC
Chambersburg PA
CBHW071319080526
44587CB00018B/3276

KABALOS MOKSLAS

Michael Laitman

SLAPTOJI
BIBLIJOS PRASMĖ

kabbalah.info/lt
info@kabala.lt

© Laitman Kabbalah Publishers 2023
ISBN: 978-1-77228-159-0

Slaptoji Biblijos prasmė

Pradžioje Dievas sukūrė dangų ir žemę. O žemė buvo dyka ir padrika, ir tamsa gaubė bedugnę, ir Dievo dvasia dvelkė viršum vandenų. Ir Dievas tarė: „Tebūna šviesa!" Ir pasirodė šviesa.

Tora (Penkiaknygė)

Įsivaizduokite mūsų Visatą: nesuskaičiuojama galybė galaktikų, žvaigždžių ir pasaulių... O dabar įsivaizduokite, kad Visatą, esančią tam tikroje erdvėje, išėmėme. Kaip galima įsivaizduoti atsiradusią tuštumą, jei joje nėra nieko, kas gali būti matuojama ar apibūdinama?

Juk visus reiškinius mes suvokiame susiedami su laiku, erdve, judėjimu. Jei sustabdysime judėjimą, nutrūks mūsų gyvenimas. Negalime įsivaizduoti nieko, kas visiškai nepaslankus, nesuvokiamas laike, be jokio tūrio.

Tačiau dvasiniame pasaulyje nėra nei kūnų, nei laiko, nei erdvės. Vadinasi, nėra jokio ryšio tarp dvasinio pasaulio ir mūsų supratimo, struktūros, prigimties, mūsų pojūčių. Ir mūsų žodynas neturi žodžių, kuriais būtų galima išreikšti dvasines sąvokas.

Taigi ką studijuoja kabala ir kodėl? Kaip apskritai galime aptarinėti tai, ko nesugebame įsivaizduoti? Jei pasitelkdami visą fantaziją mes visiškai nepajėgūs įsivaizduoti dvasinio pasaulio, kaip galime suprasti, kas parašyta kabalistinėse knygose?

Dvasinis pasaulis tarsi praeina nepaliesdamas mūsų pojūčių, mes jo neapčiuopiame. Bet jis yra čia! Ir nors negalime įsivaizduoti pasaulio be erdvės, laiko, judėjimo, visgi turime suvokti, kad viso to nėra dvasiniame pasaulyje.

Apie ką rašo šventosios knygos

Kai studijuojame Torą (Penkiaknygę, Bibliją), privalome suvokti pagrindinę taisyklę: visi Toroje ir kitose šventosiose knygose parašyti žodžiai – ne mūsų pasaulio objektai. Jie simbolizuoja dvasinius objektus ir šaknis, kurie neturi nieko bendro su mūsų pasauliu. Niekad neturime susipainioti!

Tora – šventi Kūrėjo vardai, t. y. Kūrėjo suvokimo matai, nes vardas reiškia suvokimą. Panašiai kaip mūsų pasaulyje duodame objektui vardą pagal tai, kaip jį jaučiame savo pojūčiais. Visa Tora – artėjimo prie Kūrėjo, Kūrėjo pajautimo pakopų aprašymas.

Kūrimo sumanymas ir kabalos kalba

Visus pasaulius, tarp jų bei mūsų, ir visus juose esančius objektus vienija bendras Kūrėjo sumanymas: suteikti begalinį malonumą kūriniui – sielai. Ši vienintelė mintis ir tikslas sujungia kūrimo pradžią ir pabaigą. Visos mūsų patiriamos kančios, mūsų darbas su savimi ir atlygis nulemti tik šios minties.

Visos sielos, individualiai išsitaisiusios, vėl susijungia į vieną sielą, ir todėl kiekviena siela patiria ne tik dvigubą malonumą (dėl to, kad mėgaujasi ir suteikia džiaugsmą Kūrėjui), bet ir jaučia visų susijungusių sielų mėgavimąsi.

O iki tol žmonės, kurie dirbdami su savimi kyla dvasiškai, pradeda jausti kitus pasaulius ir įvaldo visus pasaulius dar gyvendami mūsų pasaulyje. Atrodanti keista kabalos kalba jiems tampa veiksmų, minčių ir jausmų kalba, o mūsų pasaulyje priešingos sąvokos susijungia vienoje šaknyje.

Pavyzdžiui, „Jeruzalė" kabalistinėje literatūroje nereiškia mums žinomo miesto, bet nurodo tam tikrų dvasinių jėgų visumą ir tam tikros dvasinės energijos koncentraciją, kas priskiriama konkrečiai vietai dvasinių pasaulių sistemoje.

Kitas pavyzdys: nagrinėjamų dvasinių struktūrų dalys dažnai vadinamos kaip žmogaus kūno dalys – galva (*roš*), kūnas (*guf*), krūtinė (*chaze*), burna (*pe*), akys (*einaim*) ir t. t. Galvoje turimos ne mūsų konkrečios materialiosios dalys, o jų dvasinės šaknys. *Roš* nurodo priimančią sprendimus dvasinio objekto dalį, *guf* – vykdomųjų funkcijų susitelkimą.

Kabala – sielos inžinerija

Aukštesniojo pasaulio aprašymas – būdas atvaizduoti mūsų sielą, jos suartėjimo su Kūrėju pakopas, t. y. vis didėjantį Kūrėjo jautimą. Kabala išskirsto bendrąją sielą į dalis, duoda kiekvienai jų tam tikrą pavadinimą, atitinkantį jos savybę, aprašo tų dalių veiksmus.

Tai – jausmų kalba, bet ji konkreti, leidžianti naudoti grafikus, brėžinius ir formules. Kabala – sielos inžinerija. Tačiau kaip galime pritaikyti savąją netikslią ir ribotą kalbą tokiems tiksliems dvasiniams tyrinėjimams bei aprašymams?

Kaip kalba, sukurta remiantis „mūsų pasaulio" subjektyviais pojūčiais, gali būti panaudota objektyviems dvasinio pasaulio pojūčiams perteikti? Juk net žodį „šviesa" (subtiliausia mūsų pasaulio sąvoka, nes ji artimiausia dvasinei sąvokai) mes įsivaizduojame kaip saulės šviesą arba proto šviesą, kas visiškai netolygu dvasinei šviesai.

Beje, ir mūsų pasaulyje šviesa, nepaisant visų teorijų (elementariųjų dalelių, bangų ir t. t.), – labiausiai nesuprantamas reiškinys.

Mūsų pasaulyje šviesa interpretuojama ir kitaip. Pavyzdžiui, sakome: „šviesu sieloje", „šviesos spindulėlis", kai jaučiame kažkokį pasitenkinimą arba kalbame apie minties, proto šviesą.

Jeigu parinksiu žodžius, kurie atitinka mano pojūčius, ir perteiksiu juos tau, ir tu įsivaizduosi savuosius pojūčius, kurie, tavo nuomone, atitinka mano žodžius, tada kur tas bendras etalonas, kuris padėtų išmatuoti mūsų pojūčių (sukeltų tos pačios sąvokos ar žodžio) panašumą?

Mano pojūčiai nebūtinai panašūs į tavuosius. Sukeliu tau kažką panašaus... ir tai – visa mūsų „bendra kalba".

Jeigu net mūsų pasaulyje negalime tiksliai išreikšti savo pojūčių, kaip galime pritaikyti šią kalbą dvasinėms kategorijoms aprašyti? Juk dvasinis pasaulis – pojūčių pasaulis. Ten nėra jokių kūnų, tik norai ir jų jautimas. Beje, kabalistai teigia, jog jautimas tobulas ir labai tikslus, todėl reikalauja tobulos ir tikslios kalbos jį nusakyti.

Pabandykite tiksliai įvertinti savo nuotaiką, grafiškai palyginkite ją su kito žmogaus nuotaika, su jūsų vakarykšte būsena. Pamėginkite skaičiais išreikšti visus savo savijautos niuansus, pažymėdami, kaip jūsų nuotaika priklauso nuo pojūčių, nerimo, nuovargio, formulėmis apibrėžkite baimes, atsižvelgdami į paros metą ir pan. Mūsų pasaulyje negalime tiksliai išmatuoti savo vidinių pojūčių.

Tarkime, prisilietimo prie kažko įkaitusio ryšys su pliaukštelėjimo banga smegenyse taip pat priklauso nuo mano nuotaikos, savijautos, fizinio pasirengimo ir kitų individualių parametrų.

Nemokame procentais, kiekiu ir kokybe palyginti muzikos teikiamo malonumo su malonumu, kurį patiriame valgydami skanų patiekalą.

Jeigu mūsų kalba tokia primityvi, ribota, subjektyvi ir netiksli, kaip kabalistai galėjo ją pritaikyti itin tiksliems dvasiniams jausmingiems veiksmams aprašyti ir kodėl būtent pritaikė, o ne išrado ypatingą kalbą?

Juk tiksliajame moksle, jei nors vienas ženklas panaudotas netinkamai, tas, kuris pažįsta tą ženklą, bet nežino, kad yra klaida, nesupras, kodėl gauti tokie rezultatai. Jis suvoks rezultatą kaip visiškai nepatikimą mokslinį teiginį. O tas, kuris nesusipažinęs su ženklais, palaikys aprašymą tiesa ir suklys!

Šakų kalba

Kabalistai savo mokslui pasirinko ypatingą kalbą, kurią pavadino „šakų kalba". Šio pasirinkimo priežastis ta, kad viskas mūsų pasaulyje (negyvoji gamta, augalinė, gyvūninė, žmogus) sukurta ir valdoma, viskas, kas vyko, vyksta ir įvyks (t. y. visi objektai ir jų valdymas), nusileidžia iš Kūrėjo ir pereina visus dvasinius pasaulius, kol atsiranda mūsų pasaulyje.

Ir viso to valdymas nuolat atnaujinamas iš aukščiau, iš viršaus žemyn – iki mūsų pasaulio.

Viskas prasideda aukštesniajame pasaulyje, o paskui palaipsniui nusileidžia į mūsų pasaulį. Ir kadangi viskas atsiranda iš aukštesniojo pasaulio, egzistuoja griežtas ryšys tarp mūsų pasaulio objektų (pasekmės) ir jų priežasties, šaltinio dvasiniame pasaulyje.

Kabalistai, kurie nustato šį tikslų ryšį, matydami ir aukštesnįjį objektą (šaknį, iš kurios viskas kyla), ir žemesnįjį mūsų pasaulio objektą (kuris yra aukštesniojo padarinys ir jo valdomas), gali tiksliai pasakyti, kas su kuo susiję. Ir todėl gali tiksliai pavadinti objektus – šaknis aukštesniuosiuose pasauliuose pagal jų materialius padarinius (šakas) mūsų pasaulyje.

Štai kodėl ši kalba vadinama „šakų kalba", o ne „šaknų kalba". Juk šaknys vadinamos jų šakų vardais, o ne atvirkščiai. Taigi kabalistai rado kalbą, kuri mūsų kasdieniais žodžiais tiksliai nusako dvasinį pasaulį. Ir negali būti kitos kalbos, nes nėra jokių kitų žodžių, suprantamų tiems, kurie egzistuoja abiejuose pasauliuose.

Todėl, kad apibūdintų aukštesnįjį pasaulį, kabalistai ima mūsų pasaulio pavadinimus ir jais aprašo aukštesniuosius objektus, mūsų pasaulio šaknis.

Tačiau jei žmogus to nežino, jis kabalistinę knygą skaito tarsi apsakymą apie mūsų pasaulį. Kabalisto šie žodžiai neklaidina, jis aiškiai supranta, apie ką iš tiesų rašoma knygoje, nes tiksliai žino, kurią šaką, pasekmę, mūsų pasaulyje atitinka šaknis aukštesniajame pasaulyje.

SEPTYNIOS KŪRIMO DIENOS

Pradžioje Dievas sukūrė dangų ir žemę. O žemė buvo padrika ir dyka, tamsa gaubė bedugnę ir Dievo dvasia dvelkė viršum vandenų. Tuomet Dievas tarė: „Tebūna šviesa!" Ir šviesa pasirodė. Dievas matė, kad šviesa buvo gera, ir Dievas atskyrė šviesą nuo tamsos. Dievas pavadino šviesą diena, o tamsą naktimi. Atėjo vakaras ir išaušo rytas, pirmoji diena.

Šiais žodžiais prasideda pirmasis Toros (Penkiaknygės) skyrius *Bereshit* (Pradžios knyga). Jie sukelia tam tikrų vaizdinių. Esame girdėję įvairių šių žodžių pažodinės reikšmės (*pšat*) lygmens interpretacijų. Tačiau šie paprasti paaiškinimai palieka daugybę klausimų; trūksta logikos ir mokslinio požiūrio. Kaip kabala aiškina, apie ką rašoma Toroje?

Visos šventosios knygos kalba tik apie dvasinį pasaulį, kaip jis sukurtas ir kaip vėliau iš jo atsirado mūsų pasaulis. Beje, ne šiaip sau pasakojama, kas yra „ten", o žmogus mokomas tą pasaulį išvysti.

Laipsniškas aukštesniojo pasaulio atskleidimas vadinamas dvasiniu žmogaus kilimu arba dvasinio kilimo pakopomis. Šiose knygose dvasiniam pasauliui aprašyti naudojamos kelios kalbos. Kabala – mokslas apie aukštesniojo pasaulio sandarą, ji naudoja *sfirot, parcufim* kalbą, grafikus ir brėžinius. Tora aprašo aukštesnjjį pasaulį naudodamasi kasdienine kalba. Be to, yra alegorijų ir įstatymų kalbos. Pamėginsime išversti Toros kalbą į kabalos kalbą.

Tora aiškina aukštesniojo pasaulio gimimą, jo sandarą ir raidos planą, o paskui Žmogaus sukūrimo procesą. Tačiau tai ne mūsų pasaulio žmogus. Tora kalba apie noro gauti malonumą (vadinamą siela arba Adomu) sukūrimą siekiant užpildyti šį norą (kūrinį, sielą) amžinu absoliučiu malonumu.

Šis noras mėgautis ir yra vienintelis kūrinys. Be jo yra vien Kūrėjas. Todėl viskas, išskyrus Kūrėją, yra tik įvairūs noro mėgautis dydžiai.

Tas pats ir mūsų pasaulyje: visi objektai vienas nuo kito skiriasi tik skirtingu noro mėgautis kiekiu, kuris lemia visas kiekvieno objekto savybes.

Šis noras susideda iš penkių lygių ir šios penkios noro (kūrinio) dalys vadinamos *sfirot*: *keter, chochma, bina, tiferet, malchut*.

Kūrėjas nori visiškai užpildyti kūrinį malonumu, kad kūrinys pajustų tobulybę ir amžinybę, nes pats Kūrėjas yra būtent tokios būsenos ir nori suteikti ją mums.

Kūrėjas tobulas ir vienas. Būdamas tobulas Jis nori dovanoti tobulybę, Savo paties būseną, kūriniams. Todėl kūrinio užduotis – pasiekti Kūrėjo tobulumą, pajėgti priimti tai, ką nori duoti Kūrėjas.

Kabala nagrinėja ne tai, kas vyksta mūsų pasaulyje, o kas vyksta aukštesniajame pasaulyje, iš kur į mūsų pasaulį nusileidžia visos jėgos, gimdančios, sukeliančios visus įvykius. Mokydamasis kabalos žmogus pradeda regėti aukštesnjjį pasaulį.

Aukštesniojo pasaulio matymas leidžia žmogui pažinti patį Kūrėją ir kokiu būdu Jis sukūrė dvasinį pasaulį. Šis veiksmas kabaloje vadinamas „pirmąja kūrimo diena". Savo vėlesniuose veiksmuose (vadinamomis paskesnėmis dienomis) Kūrėjas sukūrė valdančiąsias aukštesniojo pasaulio jėgas. Paskutinis, šeštasis, Kūrėjo veiksmas (šeštoji kūrimo diena) buvo Adomo sukūrimas.

Kadangi Adomas buvo paskutinis Kūrėjo veiksmas, jis ir yra viso kūrimo tikslas. Viskas, kas sukurta prieš jį, buvo sukurta jam. Taigi kas pagal Kūrėjo sumanymą turi įvykti su Adomu? Adomas turi tapti panašus į Kūrėją, visiškai Jam lygus, turi pats valdyti visą kūriniją ir savo paties likimą.

Beje, žmogus savarankiškai turi pasiekti šią aukščiausią, tobulą būseną. Pasiekti savarankiškai – reiškia iš pradžių patirti blogiausią būseną (priešingą Kūrėjo būsenai), o po to savo pastangomis iš jos pakilti.

Kabala padeda žmogui matyti abu pasaulius (mūsų ir aukštesnįjį) bei jų tarpusavio sąveiką. Informacija iš aukštesniojo pasaulio nusileidžia pas mus ir virsta mums matoma materija. O mūsų reakcija į tai, kas ateina iš aukščiau, informacijos pavidalu kyla atgal į aukštesnįjį pasaulį ir nustato, kaip (gerai ar blogai) nusileis ir materializuosis mūsų ateitis, rytojus.

Taigi Kūrėjas (egzistuojantis aukščiausiame dvasiniame lygmenyje) sukūrė kūrinį iš Jam priešingos egoistinės savybės, visiškai pripildė jį šviesa, o vėliau, pašalinęs šviesą, nuleido į būseną „mūsų pasaulis".

Kildamas dvasinėmis pakopomis atgal kūrinys nusipelno patirti malonumą, kuris daug kartų didesnis, nei buvo prieš nusileidžiant į šį pasaulį.

Kūrinys turi turėti galią ir galimybę laisvai veikti tarp priešingų jėgų – savojo egoizmo ir Kūrėjo, savarankiškai rinktis kelią ir juo eiti.

Kad suteiktų kūriniui (t. y. žmogui) šias sąlygas, Kūrėjas turi:

- visiškai atitolinti nuo Savęs kūrinį;
- suteikti jam galimybę tobulėti ir suvokti pasaulių sistemą;
- suteikti galimybę veikti laisvai.

Kūrėjas palaipsniui suteikia tokias sąlygas kūriniui. Iš pradžių kūrinys, jausdamas Kūrėją (pripildytas šviesos), yra nesavarankiškas: šviesa visiškai jį slopina, diktuoja jam savo sąlygas, perduoda savo savybes.

Kad kūrinys taptų savarankiškas, nepriklausomas, Kūrėjas privalo visiškai nuo jo atitolti. Kitaip tariant, kūrinys, išsilaisvindamas iš šviesos, įgyja veiksmų laisvę. Šviesos išstūmimo iš dvasinio *kli* (indo) veiksmas vadinamas susitraukimu.

Tora prasideda žodžiu „pradžioje" (*berešit*), kas yra Kūrėjo atsitolinimo nuo kūrinio pradžia. Žodis „berešit" kilęs iš žodžio „bar" (išorė), t. y. juo apibūdinamas išėjimas iš Kūrėjo į atskirą būseną tarp dangaus ir žemės.

„Pradžioje Dievas sukūrė dangų ir žemę". Dangus – *sfira bina* su savo altruistinėmis savybėmis. Žemė – *sfira malchut* su savo žemiškomis, egoistinėmis savybėmis. Tarp šių priešingų savybių, kurios yra visos pasaulių sistemos pagrindas, sklando žmogaus siela.

Tora prasideda kūrinio, aukštesniojo pasaulio gimimu ir žmogaus, Adomo sielos, sukūrimu, o ne kūrimo pabaiga.

Toros paskirtis – instruktuoti šio pasaulio žmones, kaip pakilti į geriausią, tobuliausią būseną.

Pradinė kūrinio, sielos, Adomo (nesvarbu, kaip pavadinsime) būsena yra netobula. Kūrinys privalo pasikeisti, pasiekti „ištaisymo pabaigos" būseną.

Įsivaizduokite, kad turite netinkamą įrankį, kurio jums reikia darbui. Kad galėtumėte juo naudotis, pirmiausia teks jį pataisyti. Taigi Tora ir aiškina, kaip galime pataisyti šį sulūžusį instrumentą – sielą, kurią gavome iš aukščiau.

Taisymosi metu žmogus yra tarp dviejų pasaulių – aukštesniojo ir žemesniojo. Vykstant šiam procesui žmogaus siela įgauna reikalingų įgūdžių, žinių, patirties, o svarbiausia, žmogus įgyja naujus pojūčius, naujas, dvasines, savybes.

Taigi visiškai ištaisęs savo sielą, jis įgauna savybes, kurios leidžia jam egzistuoti visame aukštesniajame pasaulyje, amžinybėje, taikoje ir tobulybėje.

Nei kabalistiniai šaltiniai, nei Tora neaprašo šios ypatingos būsenos. Jos neįmanoma aprašyti, nes mūsų kalboje nėra tam tinkamų žodžių. Ją suvokia tik tie, kurie tobulėdami pereina visas parengiamąsias būsenas ir pasiekia ištaisymo pabaigą.

Už ištaisymo pabaigos ribų yra sritis, kuri niekur apskritai neaprašoma. Būtent ten slypi vadinamosios „Toros paslaptys".

Tik keletas užuominų apie tas paslaptis yra knygoje *Zohar* ir Talmude. Šios ypatingos, slaptos būsenos vadinamos „Maase Merkava" ir „Maase Berešit". Tačiau tai tik užuominos. Šios būsenos, dvasinės sritys, negali būti apibūdinamos žodžiais, nes mūsų žodžiai, raidės, sąvokos paimti iš ištaisymo srities ir galioja tik joje.

Mes visiškai nejaučiame, kas egzistuoja aukščiau ištaisymo sistemos, ir todėl tai negali būti perkelta į žmogiškąją kalbą, įsprausta į mūsų apibrėžimų, vaizdavimosi sistemą.

„Pradžioje Dievas sukūrė dangų ir žemę..." – turima galvoje dviejų savybių (egoistinės ir altruistinės) sukūrimą. Su altruistine „dangaus" savybe taisoma egoistinė „žemės" savybė. Taisymas pereina septynias būsenas, vadinamas „septyniomis kūrimo dienomis".

Be abejo, tai sąlyginis pavadinimas, jis neturi nieko bendro su septyniomis žemiškomis dienomis. Neturima galvoje diena ar naktis, šviesa ar tamsa Žemėje. Kalbama apie dvasines būsenas, dvasinius žmogaus, pereinančio šias ištaisymo stadijas, pojūčius, apie jo sielos, kol kas esančios „žemės" lygmenyje, taisymo sistemą.

Būtina pakelti sielą iš *sfiros malchut* lygio į *sfiros bina* lygį, t. y. transformuoti egoistinę *malchut* savybę į altruistinę *binos* savybę. Tai pasiekiama septyniais nuosekliais ištaisymais, kurie vadinami „septyniomis savaitės dienomis".

Tora aiškina, ką „kiekvieną dieną" žmogus turi daryti su savo siela.

Pirmoji diena

> Pradžioje Dievas sukūrė dangų ir žemę. O žemė buvo padrika ir dyka, tamsa gaubė bedugnę ir Dievo dvasia dvelkė viršum vandenų. Tuomet Dievas tarė: „Tebūna šviesa!" Ir šviesa pasirodė. Dievas matė, kad šviesa buvo gera, ir Dievas atskyrė šviesą nuo tamsos. Dievas pavadino šviesą diena, o tamsą naktimi.
> Atėjo vakaras ir išaušo rytas, pirmoji diena.

„Ir Dievas atskyrė šviesą nuo tamsos". Ką tai reiškia? Atlikdamas ištaisymus žmogus privalo sekti Kūrėjo veiksmais. Todėl pirmasis priesakas, kurį jis turi vykdyti, – taip suskirstyti savo viduje mintis ir norus, kad pamatytų, kurie iš jų šviesūs – „dangus" ir kurie tamsūs – „žemė".

Šis procesas vadinamas blogio įsisąmoninimu (*akarat ra*). Studijuodamas kabalistines knygas, bendraudamas su kabalistais, žmogus pradeda analizuoti, kokios jo savybės priklauso dvasinėms, o kokios – kūniškoms.

Šių savybių supriešinimas, suskirstymas, vienos nuo kitos atskyrimas ir yra pirmasis žingsnis tobulėjimo link. Tai pirmoji žmogaus diena kuriant savyje Žmogų.

Antroji diena

> Dievas tarė: „Tebūna skliautas viduryje vandenų ir teatskiria vandenis nuo vandenų!" Dievas padarė skliautą ir atskyrė vandenis, buvusius po skliautu, nuo vandenų, buvusių viršum skliauto. Taip ir įvyko. Dievas pavadino skliautą dangumi. Atėjo vakaras ir išaušo rytas, antroji diena.

Žmogus, savyje atskyręs egoistines savybes nuo altruistinių, turi pradėti jas taisyti. Kaip tai daroma?

Tai daroma pasinaudojant ypatinga Kūrėjo šviesa. Kūrėjas skleidžia dvejopą šviesą: šviesą *chochma* ir šviesą *chasadim*. Naudodamas šviesos *chasadim* (gailestingumo) savybę, vadinamą „vandeniu", žmogus įvaldo atidavimo savybę, altruizmą.

„Žemė" – egoistinė savybė gauti, viską įtraukti į save, mūsų pirminė prigimtis. Vanduo, atidavimo savybė, sudrėkina žemę ir sudaro galimybę joje atsirasti gyvybei.

Atidavimo savybė ištaiso egoizmą, leidžia teisingai, savo ir kitų naudai juo naudotis. Egoizme, kurį ištaisė atidavimo savybė, žmogus jaučia aukštesnįjį pasaulį, Kūrėją, mato savo ankstesnius gyvenimus ir savo kelią į kūrimo tikslą. Būtent sieloje, kuri yra amžina ir pereina iš kūno į kūną, žmogus gali regėti visus savo gyvenimo ciklus. Tas, kuris neištaisė sielos, negali išvysti nieko, kas yra virš mūsų pasaulio.

Trečioji diena

> Dievas tarė: „Tebūna sutelkti vandenys po dangumi į vieną vietą ir tepasirodo sausuma!" Taip ir įvyko. Dievas pavadino sausumą žeme, o vandenų telkinį jūromis. Ir Dievas matė, kad tai gera. Dievas tarė: „Teželdina žemė augmeniją: augalus, duodančius sėklą, ir visų rūšių vaismedžius, nešančius žemėje vaisius su sėklomis!" Taip ir įvyko. Žemė išželdino augmeniją: augalus, duodančius visų rūšių sėklą, ir visų rūšių medžius, vedančius vaisius su sėklomis. Ir Dievas matė, kad tai gera.
> Atėjo vakaras ir išaušo rytas, trečioji diena.

Vandenys susirenka po dangumi ir atsiranda sausa žemė. Pirmapradės žemės dalis pasirodo iš vandens. Vandeniui ištaisius žemę, ji tampa tinkama gyvybei joje užgimti, nes turi abiejų, žemės ir vandens, savybių.

Vanduo pats savaime toks pats pražūtingas gyvybei kaip ir sausa žemė. Prisiminkime, kaip Nojus pasiuntė karvelį, kad šis surastų žemę. Būtent teisingu „dangaus" altruistinių ir „žemės" egoistinių savybių sujungimu žmogaus sieloje grindžiamas šių Kūrėjo ir kūrinio savybių ištaisymas ir panaudojimas.

Šis ištaisymas vadinamas „viduriniąja linija" (*kav emcai*). Mūsų natūrali egoistinė prigimtis vadinama žemiškąja, kairiąja linija. Dešinioji linija – Kūrėjo savybės, vandens, altruizmo, atidavimo savybės.

Žmogus turi pasirinkti būtent viduriniąją liniją – „pasirinkti gyvenimą". Kitaip tariant, žmogus turi paimti tiek „vandens", kiek sumaišius su „žeme" pakaktų šioms dviems linijoms vienai kitą papildyti ir subrandinti vaisius. Iš tos savybių kombinacijos žemė pagimdo „gyvybės medį", kuris simbolizuoja dvasingą žmogų, jaučiantį visus pasaulius, amžinai ir laimingai juose egzistuojantį.

Amžinai – reiškia, kad tapatindamasis ne su laikinu kūnu, o su amžina siela žmogus pradeda save suvokti kaip sielą, o kūną kaip laikinąjį apvalkalą. Šis perėjimas prie tapatinimosi su siela vietoj kūno yra grynai psichologinis ir atsiranda, kai žmogus įvaldo *binos* savybę.

Ketvirtoji diena

> Dievas tarė: „Tebūna šviesuliai dangaus skliaute dienai nuo nakties atskirti! Teženklina jie šventes, dienas ir metus, tebūna jie šviesuliai dangaus skliaute žemei apšviesti!" Taip ir įvyko. Dievas padarė du didžiulius šviesulius - didesnįjį šviesulį dienai valdyti ir mažesnįjį šviesulį nakčiai valdyti - ir žvaigždes. Dievas sudėjo juos į dangaus skliautą šviesti žemei, valdyti dienai bei nakčiai ir atskirti šviesai nuo tamsos. Ir Dievas matė, kad tai gera.
>
> Atėjo vakaras ir išaušo rytas, ketvirtoji diena.

Ketvirtąją dieną atsirado dangaus šviesuliai, žymintys dienos ir nakties kaitą, mėnesius, metus.

Tobulėja kiekviena smulkiausia pasaulio dalis ir visa pasaulių sistema. Visa sistema vadinama Adomu arba siela, o jos sudedamosios dalys – individualiomis sielomis arba Adomo sūnumis (*bnei adam*). Kiekvienai individualiai sielai būdingi tie patys ištaisymo laikotarpiai kaip ir bendrai sielai.

Penktoji diena

> Dievas tarė: „Teknibžda vandenyse gyvūnų daugybė, teskraido paukščiai viršum žemės po dangaus skliautu!" Taip ir įvyko. Dievas sukūrė didžiąsias jūros pabaisas bei visus judančius visų rūšių gyvūnus, kurie knibžda vandenyse, ir visus visų rūšių sparnuočius. Ir Dievas matė, kad tai gera. Dievas palaimino juos tardamas: „Būkite vaisingi ir dauginkitės! Pripildykite jūrų vandenis, o paukščiai tesidaugina žemėje!" Atėjo vakaras ir išaušo rytas, penktoji diena.

Knyga *Zohar* aprašo kiekvieną kūrimo dieną kaip dangaus rūmų (*eichalot*) statymą. Turimos galvoje tuščios erdvės (troškimai), kurios, egoistinėms sielos savybėms palaipsniui keičiantis į altruistines, užpildomos aukščiausiąja šviesa. Šią aukščiausiąją šviesą iš dalies jaučia klinikinę mirtį patyrę žmonės, kurie vėliau pasakoja apie ypatingą, stebuklingą, nežemišką ramybės ir džiugesio jausmą.

Šis laipsniškas tuščių erdvių užpildymas atveda visas sielas į galutinio ištaisymo ir tobulybės būseną. Aukštesniajame pasaulyje nėra laiko, jis išnyksta, nes visos būsenos tobulos. Taip pat ir Toros pasakojimas neskaido įvykių pagal laiką, viskas siejama tiktai su priežastimi ir pasekme.

Todėl paskaitę toliau pamatysime, kad žmogus buvo sukurtas šeštąją dieną, išbuvo vos keletą valandų, nusidėjo ir nukrito į žemesnįjį pasaulį. Su juo nupuolė ir visas pasaulis.

Šeštoji diena

> Padarykime žmogų pagal mūsų paveikslą ir panašumą; tevaldo jie ir jūros žuvis, ir padangių sparnuočius, ir galvijus...

Ką reiškia „pagal paveikslą ir panašumą"? Toroje parašyta „Be celem Elokim bara...".

Celem reiškia *binos* dalį, kuri nusileidžia į sielą ir suteikia jai Kūrėjo savybes. Kitaip tariant, *binos parcufas* – aukštesniojo valdymo aparatas, kuris vadovauja visoms sieloms, jų ištaisymo būdams ir tvarkai.

Viskas, kas mums nutinka, kyla iš *binos*. *Malchut* – visų sielų, kurias reikia ištaisyti, susitelkimas. Į *malchut* įsiterpia ypatingas *binos* instrumentas ir leidžia jai išsitaisyti.

Ši pagalbinė sistema, kurią iš aukščiau gauna kiekviena *malchut* siela, vadinama *celem* – „paveikslu". Turimas galvoje savybių rinkinys, Kūrėjo atvaizdas.

Neturėdami informacijos apie kūrimo programą ir nejausdami dvasinių pasaulių, mes nežinome, kaip elgtis, kokį žengti kitą žingsnį, nesuprantame, ko iš mūsų reikalaujama. Kad žmogus įgytų pažangai būtinų savybių, *bina* turi mus išmokyti, parodyti, ką ir kaip daryti.

Būtent tai ir daro mumyse *celem* (iš *binos* nusileidžiantis pagalbinis instrumentas). Jis įsiterpia į mūsų sielą ir inspiruoja visus reikiamus ištaisymus. Todėl ir pasakyta, kad *celem* padeda tapti Žmogumi.

Septintoji diena

> Ir buvo užbaigti dangus ir žemė, septintą dieną
> buvo nutraukti visi darbai.

Žmogaus darbas – įsigyti *binos* savybes. Šiomis savybėmis jis tobulina save ir kyla aukštyn. Šešis kartus jis atliko taisymosi veiksmus: *hesed, gvura, tiferet, necach, hod, jesod*. Šie šeši nuoseklūs ištaisymai vadinami šešiomis dienomis arba šešiais tūkstančiais kūrimo metų. Paskutinioji *sfira malchut* nesugeba pati išsitaisyti. Tačiau sugėrusi ankstesnių šešių *sfirot* (*sfira* – vns., *sfirot* – dgs.) savybes, gali jas iš jų perimti. Todėl septintosios dienos esmė ta, kad viskas, kas sukaupta ir sukurta per šešias dienas, įeina į *malchut*. Ši diena vadinama ypatinga, nes šioje būsenoje sielos užpildomos aukščiausiąja šviesa. Vienintelė sąlyga – „netrukdyti" šiam procesui, kas simboliškai išreiškiama *Šabato* įstatymuose.

Klausimas:
Ar egzistuoja ryšys tarp septynių kūrimo dienų ir dvasinės metų skaičiavimo sistemos?

Toks ryšys egzistuoja. Žmonijai šios septynios dienos praeina kaip septyni tūkstančiai metų. Šeši tūkstančiai metų yra lygūs šešioms savaitės dienoms (šiokiadieniams), per kurias žmonija iš pradžių nesąmoningai, o vėliau sąmoningai dėdama pastangas tobulėja.

Ir galiausiai ji pasiekia septintą tūkstantmetį arba septintąją dieną – *Šabatą*. Tai būsena, kai aukščiausioji Dieviškoji malonumo ir pilnatvės šviesa užpildo ištaisytas žmonijos savybes.

Klausimas:
Ar skaičius „septyni" turi kokią nors slaptą reikšmę?

Sistema, valdanti mūsų pasaulį, susideda iš septynių dalių. Iš to kyla padalijimai į 7 arba 70: septyniasdešimt pasaulio tautų, septynios savaitės dienos; žmogaus siela susideda iš septyniasdešimt dalių, žmogaus gyvenimas laikomas septyniasdešimt metų ilgio ir pan.

Visas žmonijos kelias susidaro iš šešių dienų – 6000 tobulėjimo metų. Bendras sąmoningas žmonijos tobulėjimas prasidėjo 1995 (5755) metais. Per likusį iki 6000 metų laiką, mes, visa žmonija, turime išsitaisyti, o vėliau, septintajame tūkstantmetyje, gauti pelnytą, užsitarnautą apdovanojimą.

Klausimas:
Ar mes galime daryti įtaką šiems procesams, „suspausti" laiką, sutrumpinti savo kelią į kūrimo tikslą?

Vienintelis dalykas, ką galime padaryti, – įsiterpę į procesą, suplanuotą iš aukščiau septyniems tūkstančiams metų, jį pagreitinti. Tie, kurie gali individualiai įsijungti į šį procesą, anksčiau pasiekia aukštesnįjį pasaulį ir pajunta tobulą tikrovę.

Beje, pats tobulėjimo kelias (jeigu einama sąmoningai, savo pastangomis) jaučiamas kaip kūrimas, romantiškas siekis, o ne nuolatiniai lemties smūgiai.

Mes būtent ir studijuojame visos pasaulių sistemos struktūrą ir funkcionavimą, kad aiškiai žinotume, kaip įsiterpti, ką pakeisti. Apskritai žmogus negali tiesiogiai daryti įtakos savo šakniai, šaltiniui, iš kurio kilo. Juk jis – žemesnė pakopa, šaltinio padarinys.

Tačiau žmogui tobulėjant, tampant panašiam į savo šaknį, keičiasi jo vidiniai pojūčiai: vietoj likimo smūgių, nuolatinių nemalonumų, kasdieninių sunkumų jis ima jausti palaimą, ramybę, tobulumą, visišką pažinimą. Kūrėjas sukūrė mus šiame pasaulyje, kad naudodamiesi kabala pažintume aukštesnįjį pasaulį ir pradėtume valdyti savo likimą.

Laimei, laikas dirba mūsų naudai, kaip pasakyta „Įžangoje į knygą *Zohar*", visos žmonijos vidinis (dvasinis) ir išorinis (fizinis) išsivadavimas artėja.

Kaip negali žmogus egzistuoti mūsų pasaulyje neturėdamas apie jį žinių, taip ir mirus kūnui, žmogaus siela negalės egzistuoti aukštesniajame pasaulyje be preliminarių žinių apie jį. Todėl kabalos žinios ne tik padeda patogiai egzistuoti šiame pasaulyje, bet ir užtikrina amžiną ir tobulą egzistavimą būsimajame pasaulyje.

NOJUS ĖJO SU DIEVU

Mūsų pasaulis egzistuoja ir yra palaikomas mažytės dvasinės šviesos kibirkštėlės, kuri pralaužė dvasinio pasaulio ribą ir prasiskverbė į mūsų pasaulį. O dabar įsivaizduokite dvasinį pasaulį, kuris – ištisa šviesa, daug milijardų kartų didesnė nei ši kibirkštėlė, nei visi mūsų pasaulio malonumai.

Tenykščiai malonumai – amžinybės, laisvės, pakilimo, pilnatvės pojūtis.

Todėl ir duota Tora. Tora – taisyklių, kurios valdo pasaulį, rinkinys, pasaulių sistemos dėsnių aprašymas. Tai – dvasiniai dėsniai. Jie tarsi sudaro jėgų tinklą, kuris valdo visus pasaulius.

Iš pradžių buvo tik šis tinklas, vėliau jame susidarė šiurkštesnės materijos „sutirštėjimai". Subtilesnė materija – „dvasiniai pasauliai", šiurkščiausia materija vadinama „mūsų pasauliu".

Torą parašė kabalistas Mozė, jis aprašė pasaulių dėsnius, tačiau alegoriškai, žemiška kalba ir todėl mums atrodo, kad Tora – istorinis pasakojimas. Bet apie ką iš tiesų kalba Tora?

Kūrėjas sukūrė kūrinį – Adomą ir davė jam galimybę vystytis. Kūriniui išsivysčius (pasiekus dešimtą pakopą), atsirado reikmė įterpti į jį *binos* (atidavimo, gailestingumo) savybę. Kitaip kūrinys turėtų sunykti.

Dešimt kartų (t. y. dešimt pakopų arba *sfirot*) skiria Adomą nuo Nojaus: Adomas, Setas, Enošas, Kenanas, Mahalalelis, Jaredas, Enochas, Metušelahas, Lamechas, Nojus. Štai kaip pagal Torą vyko toliau:

Skyrius Nojus

Ir VIEŠPATS gailėjosi sukūręs žmogų žemėje, ir jam gėlė širdį. VIEŠPATS tarė: „Nušluosiu nuo žemės veido žmones, kuriuos sukūriau, – žmones drauge su gyvuliais, ropliais ir padangių paukščiais, – nes gailiuosi juos padaręs".

Bet Nojus rado malonę Dievo akyse. Tokie yra Nojaus palikuonys. Nojus buvo teisus vyras, savo kartoje be dėmės, nes Nojus ėjo su Dievu. Nojui gimė trys sūnūs: Šemas, Hamas ir Jafetas.

Betgi Dievo akyse žemė buvo sugedusi ir pilna smurto. Dievas matė, kad žemė buvo sugedusi, nes visi marieji buvo sudarkę savo kelius žemėje. Tuomet Dievas tarė Nojui: „Aš nusprendžiau padaryti galą visiems mariesiems, nes per juos žemė prisipildė smurto, – tikėk manimi, sunaikinsiu juos drauge su žeme.

Statyk sau arką iš gofero medžių, padaryk arkoje perdaras ir užglaistyk ją iš vidaus ir iš lauko derva. Tikėk manimi, užliesiu tvanu – vandenimis – žemę po dangumi sunaikinti visiems mariesiems, turintiems gyvybės alsavimą."

Kas yra Nojus? Kas yra arka? Trūksta žodžių apibūdinti gelmę pojūčių, kurie kyla atskleidžiant aukštesnįjį pasaulį knygoje *Zohar*. Tora, priešingai, perteikia paslaptis ir pasaulių erdvę paprastais žodžiais ir pasakojimais, kurie atrodo tarsi istoriniai aprašymai. Tai mus visiškai supainioja ir trukdo susitelkti prie daugiasluoksnės pasaulių sistemos struktūros tikrojo supratimo.

Be to, jei paviršutiniškai traktuojame Toros aprašymus, nuleidžiame ją iki žemiško lygio. Tora praranda visą savo vertę – būti išėjimo į aukštesnįjį pasaulį instrukcija.

Tačiau jei teisingai žvelgsime į kabalistines knygas, atskleisime giliausius pasaulių sistemos sluoksnius, pasijusime esantys už mūsų pasaulio laiko, erdvės, suvoksime, ką Toros autorius, Kūrėjas, mums sako.

Šiame skyriuje rašoma, kad „visi marieji buvo sudarkę savo kelius žemėje". Ar tai susiję su mumis, su mūsų laikmečiu? Tai galioja visiems laikams. Šis procesas nuolat vyksta pasaulyje ir kiekviename iš mūsų.

Tora nekalba apie kažkada, kažkokioje konkrečioje vietoje žmonijos istorijoje vykusius įvykius. Aprašoma žmogaus būsena. Būsena, kai žmogus mato visus savo žemus troškimus ir nori juos „surūšiuoti", išryškinti, kuris yra asmeninis, kuris gali padėti dvasiškai tobulėti, o kuriuos reikia nuskandinti.

„Nojus" – atidavimo savybė žmoguje

Žmogus savo viduje turi asmeninį troškimą, bet jį visiškai užgožia visi kiti. Mes gimstame ir egzistuojame visuomenėje, kuri reklamos forma diktuoja mums troškimus.

Šiandien tai baisi rykštė. Nuolat patiriame intelektualinį ir emocinį antpuolį. Todėl, kad Kūrėjas sukūrė dvi viena kitai priešingas jėgas. Kuo daugiau galimybių dvasiškai augti turi žmogus, tuo stipresnės kliudančios jėgos, kurios priešinasi šiam procesui.

Tokios jėgos yra būtinos, kad žmogus dirbtų su savimi, surūšiuotų ir įsisąmonintų savo savybes.

Iš pradžių žmogus turi tik vieną jėgą, vienintelį troškimą, vadinamą „tašku širdyje". Tai mūsų troškimų centras, kuris sieja žmogų su Kūrėju.

Tačiau jis visiškai nuslopintas kitų troškimų, siekių, kuriuos supantis pasaulis primeta žmogui. Iš visų jėgų ir troškimų būtina atskleisti tik vieną svarbiausią, asmeninį.

Asmeninis troškimas kelia aukštyn. Siela – vienintelis dalykas, kurį žmogus turi asmeniškai, visa kita yra sunešta ir visiškai svetima. Tiktai tikras tyras troškimas vadinamas „Nojus žmoguje".

Žmogumi užsibaigia kūrinijos evoliucija. Žinoma, kad iš pradžių sukuriamas tyriausias kūrinys. O žmogus – šiurkščiausias iš visų kūrinių, esančių pasaulyje. Bet įgijęs ekraną su stipriausia antiegoistine jėga, žmogus atstumia aukščiausios kokybės šviesą ir vėliau gauna ją į vidų, pasiekdamas aukščiausią lygį tarp visų kūrinių.

Tai „celem Elokim" (Dievo paveikslo) paslaptis. Gavęs stipriausią troškimą ir sukūręs ekraną, žmogus pasiekia aukščiausią lygį. O sudužus tokio lygio ekranui, suskilę indai (*kėlim* – troškimai) nukrenta žemiausiai. „Celem Elokim" – tai *bina*, noras atiduoti.

Kad galėtų nors truputį suprasti, kas yra atidavimas, kas yra Kūrėjas, žmoguje egzistuoja „celem Elokim" dalis. Todėl žmogus turi pasirinkimo teisę. Jeigu jis atitiks Kūrėją, galės atiduodamas naudotis savu egoizmu ir kartu augti bei tobulėti.

Bet jeigu iš Kūrėjo gaunamą malonumą norės naudoti sau, nukris žemiau už visus. „Celem Elokim" – jėga, iš aukščiau duota žmogui, kad teisingai naudotų egoizmą. Joks kitas kūrinys negavo nieko panašaus.

Bijos jūsų ir drebės prieš jus visi žemės gyvuliai, visi padangių paukščiai – visa, kas juda žemėje, ir visos jūros žuvys.

Tokia jau gamtoje tvarka, kad jaunesnysis rodo nuolankumą ir bijo vyresniojo (žmogaus). Bet po pažinimo medžio nuodėmės išnyko aukšto lygio šviesa, kurią anksčiau jis gavo, liko tik tuščias, didžiausias iš visų sukurtų pasaulyje troškimas. Tada žmogus pasijautė žemiausias iš visų pasaulio kūrinių.

„Celem Elokim" – žmogaus dalis, kuri panaši į *binos* savybę atiduoti. Todėl žmogus gali šia savo dalimi suprasti, kas yra Kūrėjas ir kokios Jo savybės. Padaręs teisingą pasirinkimą ir apribojęs savo savybes, jis pajėgs atiduoti. „Celem Elokim" – atidavimo jėga, kurią Kūrėjas davė vien žmogui.

Tvanas – vanduo, kuris marina

Paprastai vanduo – valanti terpė, *bina*, šviesa *chasadim*, gailestingumo šviesa. Bet čia stiprios vandens srovės, supančios žmogų, tampa užtvindančios ir žudančios. Kas yra šios jėgos, išoriškai panašios į vandenį, bet iš tikrųjų nešančios mirtį?

Kai baisios ir įvairios prieštaringos mintys, norai užvaldo žmogų – tai panašu į tvaną. Bet nors tvanas ir ateina kaip labai šiurkšti jėga, galinti sunaikinti viską, ir iš tiesų jame skęsta visi, vis dėlto ji savo šiurkštumu apvalo.

Ir ji apvalo žmogų tik tuomet, kai jis kaip Nojus sukuria aplink save arką. Nojus – žmogus, patiriantis būseną, kai audringi tvano vandenys bando išvesti jį iš kelio.

Jei žmogus nuolat painiosis tarp svetimų jėgų, ketinimų, jie pavirs jam tvanu. Jis negalės nuo jų pabėgti. Jį nuolatos veiks naikinantys aplinkinių troškimai, kurie diktuos, ką ir kaip jis turi daryti.

Vieni geidžia pinigų, kiti valdžios ar šlovės, treti dar kažko... Viskas aplink mus prisigėrę svetimų troškimų. Tik užmezgus dar stipresnį ryšį su kūrimo tikslu, galima nuo jų išsigelbėti.

Reikia sukurti aplink save ekrano sluoksnį, kuris apsaugotų nuo visų išorinių trukdžių, ketinančių nukreipti, sugundyti, išgąsdinti. Žmogus negalės dvasiškai augti, jei neapsisaugos nuo šio pasaulio tuštybių. Arka – savotiškas ekranas, apsauginė jėga.

Žmogus, kuris siekia kūrimo tikslo, negali pasiduoti jokiems kitiems poveikiams. Arka – vienas iš daugelio veiksmų, kuriuos tenka atlikti žmogui, kai jis nori dvasiškai tobulėti.

Truputį geresnis tampa žmogus –
truputį geresnis tampa pasaulis

Nojus – kitas žmogus po Adomo. Žmogus, kuriuo prasidėjo visas kelias Žemėje. (Žemė – „erec" iš žodžio „racon" – noras, t. y. mūsų vidinis troškimas). Neįmanoma pradėti kelią Žemėje (t. y. kažką savyje pakeisti), iš anksto nepasitelkus tokios jėgos, palaikymo, nesukūrus viduje sistemos, kuri visiškai išlaisvintų žmogų iš visokių išorinių kliūčių.

Arka – priemonė, kurią pasirinko Nojus (t. y. siela, esanti tokioje pakopoje), kad žengtų tikslo link.

Žmogaus siela turi savyje visą pasaulį. Viso pasaulio atstovai, pagrindai, šaknys yra joje. Žmogus – aukščiausias mūsų pasaulio lygmuo, t. y. jo siela turi savyje visas gyvūninio, augalinio, negyvojo lygmenų sielas.

Visas pasaulis pasikeičia pagal žmogų: truputį geresnis tampa žmogus – truputį geresnis tampa ir pasaulis. Žmogus kildamas, t. y. tobulėdamas, nugalėdamas kliūtis, drauge kelia ir likusią gamtą. Šiame skyriuje Nojaus pavyzdžiu mums rodoma, kaip turi elgtis žmogus, kai patenka į aplinką, kurioje susiduria su kliūtimis.

Tada jis turi paimti visas ištaisytas savo sielos dalis (gyvūninę, augalinę, negyvąją – vadinamas „visų mariųjų poromis") ir pasistatyti aplink save arką, kitaip tariant, tokį apvalkalą, kuris apsaugos nuo visų išorinių kliūčių.

Koks gali būti tas apvalkalas? Visiškai altruistiškas. Jei žmogui nieko nereikia, jei jis abejingas viskam, išskyrus kūrimo tikslą, niekas aplink negali jam pakenkti. Susietas su kūrimo tikslu, jis tiek pakyla virš visų kliūčių, kad jų nejaučia, jos niekaip negali paveikti, pakeisti jo kelio.

Kūrėjas iš aukščiau nurodo žmogui, kaip pasistatyti apsauginį apvalkalą. Pasakyta, kad Nojus įeina į arką ir Kūrėjas „jį uždaro iš lauko".

Didžiulės trukdančios tamsiosios jėgos skiria Nojų nuo Kūrėjo. Ir visą tą laiką jis turi dirbti, kad kitame etape (tvanui atslūgus) galėtų ištaisyti šias jėgas. Tai ir yra mūsų kelio pirmyn esmė.

Būtina pabandyti izoliuotis, atsiriboti nuo išorės poveikių. Tai ir vadinama arkos statymu. Šiek tiek paanalizuoti save. Atsiskirti nuo šio pasaulio trukdžių, pamėginti nesąveikauti su žiauria aplinka, kad išsiugdytum būtent tai, kas vėliau paskatins žmonijos vystymąsi.

„Žmonija" – turima galvoje jėgos, kurioms padedant žmogus pasieks Kūrėją.

Tada pamažu, vieną po kitos jis ištaiso jėgas, kurios buvo pasirengusios jį paskandinti. Jų ištaisymu ir pasiekiamas kūrimo tikslas. Jokiu būdu nereikia negatyviai vertinti bet kokio poveikio. Priešingai, reikia suprasti, kad viskas yra būtina ir pageidautina tikslui pasiekti.

Taigi jėgos, iškylančios kaip kliūtys, iš tiesų nėra žalingos. Atvirkščiai, reikia pajusti, jog Kūrėjas kviečia pasinaudoti jomis, kad žmogus toliau dvasiškai tobulėtų. Vėliau jis galės išeiti į naują žemę. Ji atrodys tyresnė, nes žmogus kitaip į ją žiūrės. Ir tada išties galės tęsti savo dvasinį kilimą, dvasinį augimą.

Kai Nojus išeina iš arkos,
Kūrėjas pasiūlo jam sandorą

Nojus išbuvo savo arkoje tol, kol žemę, t. y. visus troškimus („erec" – žemė iš žodžio „racon" – troškimas), visiškai užliejo vanduo, kol ji paskendo vandenyje – šviesoje *chasadim* (vandeniu kabaloje vadinama šviesa *chasadim*, kuri apvalo).

Nojus liko arkoje, kol visi kiti troškimai irgi sugebėjo išsivalyti tiek, kad jis galėtų teisingai juos naudoti savo vieninteliam vidiniam, asmeniniam troškimui.

Kada tai įvyko? Kai jis pajėgė atskirti savo troškimus nuo svetimų, iškelti kaip pagrindinį tik savo asmeninį dvasinį siekį. Tada jis vėl atsigręžė į visus likusius troškimus, šio pasaulio veiksmus ir jais naudodamasis pradėjo dvasiškai tobulėti.

Kai Nojus išeina iš arkos, Kūrėjas pasiūlo jam sandorą – ryšį, sąjungą su savimi. Kodėl reikalinga sandora? Kad gautų jėgų iš Kūrėjo ir pradėtų gyventi.

Kitaip tariant, naudodamas naujus troškimus, kuriuos gavo naujoje išnirusioje iš vandens dirvoje, jis turi pradėti auginti savo kitas būsenas.

Ištaisymas, kurį atliko Nojus (t. y. išlaikė užsklęstas visas savo vidines dvasines jėgas), leidžia jam nusipelnyti to, kad pasirodė žemė.

Žemė, kurią anksčiau prakeikė Kūrėjas, pradėjo duoti vaisius ir todėl joje galėjo atsirasti gyvenimas, palaipsniui vedantis žmogų prie išsitaisymo, prie kūrimo tikslo.

Kad pasiektume absoliučią laimę, reikalinga ne mažinti, o didinti troškimus

Turime suprasti, kad viskas aplink mus sukurta vien todėl, kad dvasiškai suartėtume su Kūrėju. Nėra nieko, kas sukurta veltui, ne šiam tikslui.

Ir todėl problema, kaip protingai panaudoti viską, kas egzistuoja aplink mus ir mūsų viduje, tikram, amžinam tikslui. Pats tikslas taip pat turi būti išaiškintas: ar jis iš tiesų tikras, amžinas ir koks būtent šis tikslas?

Visi mūsų troškimai ir malonumai aplink mus ne be reikalo sukurti. Žmogus jokiu būdu neturi nieko atsisakyti šiaip sau.

Žmonės, pradedantys studijuoti kabalą, dažnai klausia: „Ar mes turime užsisklęsti, visko atsisakyti, išjungti televizorių, neskaityti laikraščių, neklausyti radijo?" Jokiu būdu to nereikia daryti. Priverstiniai apribojimai neduos rezultatų.

Geriausia tiesiog imtis knygų ir pradėti „apsipilti" šiuo tyru vandeniu, *chasadim* šviesa, kuri, teisingai studijuojant, nusileidžia, aplieja žmogų iš išorės ir pripildo iš vidaus.

Ši šviesa atskleis troškimą, vadinamą „Nojus", kuris siekia tikrojo Tikslo, ir išaiškins, kuriuos jūsų troškimus ir jėgas reikia panardinti į vandenį, kurį laiką jame palaikyti, apvalyti ir tik tada panaudoti.

Nojus neatsiskyrė iki tvano. Ką reiškia „tvanas"? Tai jėga, kurią reikia sužadinti intensyviai studijuojant kabalą. Kai ši jėga veiks visu galingumu, ji inspiruos jūsų būseną, vadinamą „arka".

Dėl šios priežasties ir egzistuoja laikotarpis (aprašytas šiame Toros skyriuje), kai žmogus atsisako visų savo troškimų, užsisklendžia ir nori būti vienas, bet vėliau jis sutelkia likusius troškimus ir juos naudoja. Be jų jis negali judėti į priekį. Egoizmas, noras patirti malonumą – vienintelė varomoji jėga, sukurta Kūrėjo.

Didieji kabalistai išties atsiskirdavo nuo masių (pasitraukdavo į olas, pasislėpdavo). Tačiau jie tai darė siekdami tam tikro tikslo, būdami labai aukštose dvasinėse pakopose. Tik tada, kai žmogus išsitaiso, užbaigia savo gyvenimo kelią, savo misiją šiame pasaulyje, jis užsisklendžia, kad būtent taip užsisklendęs susijungtų su visu išoriniu pasauliu, o vėliau grįžtų ir pasiūlytų naujajai kartai arba naujoms ateities kartoms naują dvasinio pasaulio suvokimo metodiką.

Todėl negali būti nė kalbos apie kažkokį priverstinį atsiskyrimą ir apsiribojimus. Teisingai studijuodami kabalą (t. y. pasaulių sistemos, Kūrėjo dėsnius), „apsiliedami" aukščiausiąja šviesa, sužadinta per daugelį savaičių, mėnesių, mes atskirsime savo troškimus ir suprasime, kaip šiuos troškimus bei jėgas valdyti, kaip dirbti su jais, koks turi būti jų tarpusavio santykis ir kuris iš mūsų troškimų vadinamas „Nojus".

Žmogus turi pasiekti tokį lygį, kad vienu metu gyventų ir mūsų, ir kituose pasauliuose. Kartu su mūsų pasauliu jis turi jausti visus supančius pasaulius.

Juk pasaulis vienas, o mes turime išsilukštenti iš vidinio kiauto, kuris neleidžia matyti nei dabarties, nei ateities, trukdo suvokti, kas esame, kodėl gimstame ir kur išeiname po mirties.

Kūrėjas nori, kad žmogaus neribotų šis mažas kevalas, kad jis atvertų visus pasaulius. Bet problema ta, jog yra mokymasis per protą, logiką ir yra jausminis šio pasaulio suvokimas. Galime nieko nežinoti apie pasaulį, bet gyventi jame, nes jį jaučiame. Aš jaučiu karštį, šaltį, šviesą, mane supančius objektus, žmones, jėgas, pagaliau jaučiu patį save. Tačiau dvasinių pasaulių bei visko, kas juose yra, aš nejaučiu ir nesuvokiu, kaip šie pasauliai mane veikia.

O dabar atversime knygą *Zohar*, skyrių „Nojus". Panašiai kaip Tora, ji padalinta į skyrius, ir nors jos kalba skiriasi nuo Toros kalbos, šios abi didžios knygos pasakoja apie tą patį – apie žmogaus kilimą iki Kūrėjo lygio, kad būtų patirtas amžinas, absoliutus malonumas.

Knyga Zohar. Skyrius „Nojus"

38. Iki nusidėjimo Adomas neturėjo nieko iš šio pasaulio, t. y. neturėjo „kėlim" (indų) šviesai chochma gauti.

308. Vynuogės – šviesa chochma. Jei šviesa chochma gaunama be ekrano, žmogus apsvaigsta, t. y. praranda gebėjimą gauti, kad atiduotų.

O kai šviesa chochma gaunama apdengta šviesos chasadim, vynas sukelia džiaugsmą, nes šviesa chochma gaunama, kad atiduotum.

327. Abraomas, Izaokas, Jokūbas ir visi pranašai ragavo gėrio ir blogio pažinimo medžio vaisius ir vis dėlto išliko gyvi.

Kaip žinia, šis medis (gėrio ir blogio pažinimo medis) atneša mirtį: tas, kuris paragauja jo vaisių, miršta nuo nuodų juose...

Paaiškinsime, kad gėrio ir blogio pažinimo medis – tai „nukva de ZA", kurią visad reikia prijungti prie likusių sfirų (kitų sodo medžių). Tik tada galima valgyti jo vaisius ir jausti pažinimo malonumą. Štai kodėl Abraomas, Izaokas, Jokūbas ir visi pranašai galėjo be žalos sau valgyti gėrio ir blogio pažinimo medžio vaisius.

Bet tiems, kurie neprijungia nukvos prie ZA (vyro), o mėgaujasi tik ja pačia, ji yra mirties angelas. Ir kaip pasakyta, tą dieną, kai žmogus valgo nuo pačios nukvos, atskiria Kūrėją nuo Jo šchinos ir nuteisia save mirčiai.

Nereikia žmogaus teisti mirčiai. Šviesos išnykimas savaime yra mirtis. Tora nebaudžia už kokį nors nusižengimą. Dvasinė mirtis – ryšio su Kūrėju praradimas. Mes dar turime pasiekti tokį lygį mūsų pasaulyje.

Tas, kuris ir ankščiau neturėjo ryšio su Kūrėju, nesijaučia jį praradęs. Mes nesivadiname mirusiais, nes nejaučiame dvasinio gyvenimo, esame žemiau *machsomo* (ribos, skiriančios dvasinį ir materialųjį pasaulius). Tik tas, kuris suprato, jog gyveno, jautė Kūrėjo šviesą, o vėliau liovėsi ją gavęs, gali būti vadinamas mirusiu.

Tik pats žmogus, būdamas tokios būsenos, gali konstatuoti, nustatyti savo dvasinę mirtį. Ši būsena verčia jį apgailestauti dėl to, kas nutiko, kęsti nepaprastas kančias, kas savaime yra jėga, vėliau galinti jam grąžinti dar aukštesnio dvasinio lygmens gyvenimą.

Nepajautęs dvasinės mirties, žmogus negali pradėti jausti gyvenimo. Nėra nė vieno teisuolio, kuris nenusidėjo darydamas gera. Prieš priesaką visad būna nuodėmė. Ir kai žmogus suvokia visą blogį, pajutęs savo dvasinę mirtį, jis atsigręžia į Kūrėją ir prašo gyvenimo.

KABALOS KALBA

Tik keletu Penkiaknygės tekstų pailiustravome, kaip kabala atskleidžia slaptąją Biblijos prasmę. Ji išlieka paslėpta, kol žmogus nepradeda studijuoti kabalos, o studijuodamas jis pats sau atveria visas slaptąsias prasmes.

Jūs jau turite tam tikrą supratimą apie kabalistų naudojamą „šakų kalbą".

Mes žinome, kad aukštesnysis ir mūsų pasauliai yra lygiagretūs ir viskas, kas egzistuoja aukštesniajame pasaulyje, nusileidžia į mūsų pasaulį.

Aukštesniajame pasaulyje gimsta visi įvykiai, vėliau nusileidžiantys į mūsų pasaulį. Beje, visos jėgos, signalai tiksliai sutampa su savo objektu mūsų pasaulyje. Nėra nė vieno objekto, jėgos ar reiškinio mūsų pasaulyje, kuris nebūtų aukštesniojo pasaulio padarinys.

Duosiu kelis pavyzdžius, kaip kabaloje apibrėžiamos svarbiausios sąvokos:

Šviesa – malonumas, kuris užpildo kūrinį.

Vieta – noras gauti, kuris ir yra kūrinys, turima omenyje „vieta" visai šviesai (malonumui) kūrinyje.

Judėjimas – kiekvienas savybių atsinaujinimas dvasiniame pasaulyje vadinamas judėjimu, nes savybė atsiskiria nuo ankstesnio pavidalo ir gauna nuosavą vardą. Panašiai kaip dalis, atskirta nuo materialaus objekto, kuri pajuda ir nutolsta nuo ankstesnės vietos.

Vardas – paaiškinimai, kaip šviesos, į kurias nurodo vardai, gali būti suvoktos, kitaip tariant, pakopos vardas rodo tos pakopos suvokimo būdus ir kelius.

Kūrėjo signalai

Toroje (Penkiaknygėje) Mozė aiškina mokslą apie aukštesniojo pasaulio suvokimą. Tačiau skaitant mums labai sudėtinga, praktiškai neįmanoma, už visų šeimyninių, istorinių apsakymų, už visko, kas ten aprašyta, įžvelgti kažką gilesnio nei šie pasakojimai ir pajusti tai, kas, pasak kabalistų, ten paslėpta.

Žmonės ieško Toroje kodų, įvairiausių sąryšių. Yra milijonai įvairių ryšių tarp bet kurių Toros dalių, nes kiekviena dalis susijusi su visomis kitomis. Suskaičiuotas raidžių, žodžių, posakių, blokų kiekis...

Pastaruoju metu panaudojant kompiuterius buvo atliktas didžiulis vidinės struktūros, raidžių tipų, jų sudedamųjų dalių tyrimas. Tačiau žmogui tai nieko neduoda, nes jis nežino, kas slypi už kiekvieno simbolio, taško, raidės pakrypimo, žodžių derinio ar tam tikro perkėlimo.

Iš pat pradžių Tora buvo užrašyta be tarpų, kaip vienas žodis, vėliau šis žodis suskirstomas į žodžius, tie savo ruožtu į raides, raidės dalijamos į elementus ir galų gale prieiname prie raidės analizės: taško ir iš jo išeinančio brūkšnio.

Juodas taškas baltame fone reiškia šviesos šaltinį, iš jo skleidžiamą šviesą. Jei šviesa leidžiasi iš viršaus į apačią, nuo aukštesniosios jėgos, Kūrėjo, kūrinio link, žymima vertikaliu brūkšniu. Jei tai – jėga, susijusi su visa pasaulių sistema, žymima horizontaliu brūkšniu.

Iš esmės tai visa informacija, pasiekianti iš Kūrėjo mus: visos įmanomos brūkšnių, taškų kombinacijos priklauso tik nuo šių dviejų mums siunčiamų signalų ir jų derinių:

- asmeninis signalas, kurį Kūrėjas siunčia žmogui – vertikali linija;
- bendras signalas iš Kūrėjo žmonijai – horizontali linija;
- įvairios būsenos tarp jų.

Taip visi signalai sudaro kodą, žmonijos ir Kūrėjo santykį. Beje, kiekvieną akimirką jis gali pasikeisti, nes kiekvieną akimirką kiekvienos sielos būsena yra kitokia.

Žmogus, skaitantis Torą, jei jis išmokytas teisingai ją suvokti, žvelgdamas į šiuos simbolius, kiekvienoje jų kombinacijoje mato savo praėjusią, dabartinę ir ateities būseną. Tačiau, kad tai matytų, nepakanka tiesiog skaityti tekstą.

Knyga *Zohar* yra raktas, padedantis teisingai skaityti Torą (kaip išėjimo į dvasinį pasaulį instrukciją). *Zohar* reiškia „švytėjimas". Ji komentuoja penkias Toros dalis ir aiškina, kaip suprasti Mozės tekstą.

Knygoje *Zohar* parodytos visos šviesos ir indo (*kli*) savybės bei jų kombinacijos, ir iš kabalistinių knygų galime sužinoti, ką reiškia kiekvienas raidės elementas. Kiekviena raidė atspindi tam tikrą užbaigtą būseną. Tarkim, mano šiandieninę būseną, štai dabar.

Aš pavargęs, patiriu tam tikrus pojūčius, turiu kažkokių minčių, kurios tam tikru būdu pasireiškia mano kūne; aš sveikas arba sergu; aš mažiau arba daugiau pakylėtos dvasinės būsenos – jei visa tai patikrinsiu savyje ir norėsiu aprašyti, galėsiu išreikšti tam tikru simboliu. Šis simbolis ir vadinamas raide.

Juodos raidės baltos šviesos fone

Bet kuri šviesa privalo turėti savo sklidimo pasauliuose ribą, bet, kad aprašytume šviesos veiksmus, turi būti ir trauka, ir ribojimas. Šios dvi jėgos turi veikti vienu metu.

Panašiai bet kurį mūsų juslių pojūtį jaučiame ribojimo būdu, nes objekto paviršius, garso, šviesos ar bet kokia kita banga susiduria su mūsų pojūčių organu, kuris riboja jos sklidimą, ir todėl jis gali ją pajusti.

Baltas fonas – neskaidoma, visiškai vientisa ir todėl mūsų nejaučiama šviesa. Tai, ką gebame išskirti, gali būti išreikšta tik ribojant šios baltos šviesos sklidimą. Skirtingos šio ribojimo rūšys ar laipsniai vadinami raidėmis. Todėl mes matome juodas ribas ant balto fono ir suvokiame tik juodus apribojimus.

Bet kuri raidė, nesvarbu kurios kalbos (gali būti ir hebrajų, ir rusų, ir lietuvių), susideda iš juodos spalvos (dar neištaisytos dalies) ir baltos erdvės, kurioje ji parašyta. Raidės pagrindas – balto ir juodo kontrastas.

Taip ji išreiškia Kūrėjo ir kūrinio savybių skirtumą mūsų sąmonėje. Kūrėjo savybės visiškai baltos, mūsų nesuvokiamos. O kūrinio savybes mes suskirstome ir perteikiame, kokie jaučiamės, lygindami save su Kūrėju. Iš šio santykio su Kūrėju susideda raidės, simboliai, mūsų supratimas. Tik taip mes galime pajusti save, mūsų priklausomybę ir nepanašumą į supančią šviesą.

Mes nesugebame jausti būsenų, kai būna tiktai juoda (matome vien save) arba tiktai balta (matome vien Kūrėją). O ir visi mūsų jausmai, bet kurie pojūčiai, jei įsižiūrėsime, remiasi kontrastais – vienas prieš kitą. Todėl pasinaudojus bet kurios kalbos abėcėle, galima aprašyti mūsų būsenas, pakilimus ir nuolydžius...

Apskritai visą kabalą galima perrašyti bet kuria kita kalba. Bet mums pasiekus Begalybės pasaulį, raidės išnyksta, nes juoda savybė jose (kūrinio savybė) tampa tokia kaip šviesa, Kūrėjo savybė, todėl, kad jei troškimas įgijo ekraną (hebr. *masach*), jis viską nuo savęs atspindi.

Iškyla klausimas: jei troškimai neišnyksta, kodėl sakome, kad išnyksta raidės? Raidės išnyksta, nes raidės pagrindas – Kūrėjo ir kūrinio skirtumo pojūtis. Išnyksta skirtumai, todėl ištirpsta raidės.

Ką reiškia „ištirpsta"? Informacija apie Kūrėją tampa neribota, visiškai išsami ir todėl jos neįmanoma pavaizduoti raidėmis – ribojimu. Kitaip tariant, tai ne ištirpimas ar išnykimas, o priešingai, toks begalinis žinojimas, kad jo neįmanoma atvaizduoti ar apibūdinti mūsų ribota kalba, nes ji grindžiama ribojimu.

Raidės, simboliai, kalba skirti dvasiniam žinojimui, suvokimui perteikti. Kiekvienos abėcėlės kiekviena raidė turi savo dvasinę prasmę, nes žmonės raidėmis perteikia savo pojūčius.

Bet koks pojūtis (ne tik žmogaus, bet ir gyvūno) – nesąmoningas Kūrėjo jautimas. Niekas to nesupranta, tačiau iš tikrųjų kai, pavyzdžiui, poetas kuria eiles, jis, aprašydamas savo meilę moteriai, vaikams, saulei, šviesai, apibūdindamas savo kančias, nori nenori parodo, jog jaučia šviesą, kuri jį veikia.

Klausimas:
Ar kalbos pasirinkimas turi ypatingą reikšmę perteikiant kabalistinę informaciją?

Klausiate, ar įmanoma perteikti dvasines sampratas ir jų prasmę kitomis raidėmis, kita kalba, įvairių kalbų žodžiais?

Ne, nėra jokio skirtumo, kokia kalba bus perteiktos dvasinės sampratos, nes mes išreiškiame žmogaus pojūčius. Paklausykite, pavyzdžiui, karvės mūkimo ir pabandykite suprasti, pajusti, ką ji nori „pasakyti". Ką išreiškia jos kalba?

O gyvūnams ji išreiškia gamtos, Kūrėjo pojūtį. Ir mes, bendraudami tarpusavyje (mūsų dainos, žodžiai, posakiai, klyksmai, šūktelėjimai, atodūsiai), skirtingais būdais išreiškiame Kūrėjo pojūtį mumyse.

Tai, ką jaučiu, ir yra šviesa, mano Kūrėjo jautimas. Jei man atrodo, kad suvokiu Jį per tave, per jį ar iš savo vidaus (nesvarbu) – kartais tai teisingas pojūtis, juk ir viduje, ir išorėje – visur Kūrėjas. Visa tai bendros jėgos pasireiškimas, kuri, be indo (*kli*, kūrinio), vienintelė egzistuoja, tik apie ją mes ir kalbame.

Bet kuris iš mūsų išreiškia tai, kaip jį veikia Kūrėjas, kaip jis suvokia, jaučia Kūrėją, savo reakciją į Jo veikimą. Todėl nesvarbu, kokia kalba tai daroma.

Knyga *Zohar* parašyta aramėjų kalba, šnekamąja Mesopotamijos kalba. Kabalistai laisvai ja kalbėjo. Babilono Talmudas parašytas aramėjų kalba, kuri jau truputį skiriasi nuo *Zohar* kalbos, nes priklauso kitai epochai. Tiesiog to meto kabalistai gyveno Babilone ir aramėjų kalba buvo jų šnekamoji kalba.

Vėliau, kai graikai užkariavo senovės Judėją, į hebrajų kalbą buvo įtraukta daug graikiškų žodžių ir mes naudojame daug graikiškų terminų (ne tik žodžius, bet ir apibrėžimus), t. y. pagrindiniai žodžiai perimti iš graikų kalbos ir dėl to nė kiek nenukenčia informacijos apie dvasinių pasaulių struktūrą perdavimo vientisumas.

Klausimas:
Kodėl kabalos kalba yra hebrajų?

Visa kabala apibūdina artėjimo prie Kūrėjo, Kūrėjo jautimo pakopas. Kabalistai pasirinko šią kalbą, kad galėtų bendrauti vienas su kitu. Jie perteikia savo žinias mūsų pasaulio žodžiais ir simboliais, panašiai kaip matematikai perteikia informaciją formulėmis, o muzikantai gaidomis.

Abu kabalistai (kuris rašo ir kuris skaito) supranta apie ką kalbama, ką šie žodžiai reiškia kabaloje.

Žodis – kodas, nurodantis tam tikrą dvasinį objektą ir jo būseną. Skaitydamas žodį kabalistas gali atkurti būseną, kaip muzikantas gali atkurti garsą. Kitaip tariant, kabalistas gali jausti, ką šiuo žodžiu sako jo kolega, pajusti būtent tai, ką turėjo galvoje autorius.

Kalba – tik emocinės informacijos, jaučiamos kaip šviesos, malonumo poveikis, užrašas. Žmogui sau, savo viduje nereikia kalbos, juk yra jausmai. Bet kai norime perteikti savo pojūčius kitiems, privalome juos apvilkti kažkuo, ką supranta žmogus, kuriam norime tai papasakoti. Šis pojūčių apvalkalas ir yra kalba.

Nesvarbu kokia kalba. Tiesiog kabalistai pasirinko hebrajų kalbą ir ja išdėstė visą informaciją. Truputį pasinaudojo ir aramėjų kalba – šnekamąja Mesopotamijos kalba.

Knyga *Zohar* laisvai naudoja „užsienio" kalbas, kurios buvo vartojamos Izraelyje jos rašymo metu (graikų ir kt.). Aišku, mes, sekdami kabalistais, irgi jas naudojame.

Aš klausiau savo Mokytojo Barucho Ašlago dėl hebrajų kalbos ir jis man atsakė, kad bet kuri kalba gali būti pritaikyta dvasinei informacijai perteikti, bet kadangi kabalistai jau viską aprašė hebrajiškai, sudarė „šaknies ir šakos" žodyną, kabala remiasi šia kalba. Hebrajų kalba laikoma šventa, nes padeda mums įgyti šventas Kūrėjo savybes.

Ką iš esmės mes norime išreikšti? Išreiškiame žmogaus pojūčius. Galima naudoti muzikos kalbą, spalvas, bet kokią kitą kalbą. Viskas, kas leidžia tiksliai išreikšti žmogaus pojūčius, sąvokas, pažinimo procesą, gali būti panaudota kaip kalba.

Apie dvasinį pasaulį galima papasakoti bet kuria kalba. Hebrajų kalba unikali tuo, kad jos dėka mes turime jau gatavą kodą. O jei atsiras kabalistas, kuris puikiai žinos kitos kalbos šaknis, jis tą patį galės padaryti ir su bet kuria kita kalba.

Tam tikros hebrajiškų raidžių formos išreiškia jėgų, kurios slypi už raidžių, derinius. Bet ir kitomis kalbomis mes galėtume išreikšti tuos derinius. Iš esmės kitų kalbų raidžių formos kilusios iš tos pačios šaknies kaip ir hebrajiškos raidės. Tačiau jos yra pakeistos, todėl kitose kalbose raidžių ir dvasinių šaknų ryšys kitoks.

Klausimas:
Kaip aprašomi žmogaus, kuris jaučia Begalybės pasaulį, pojūčiai?

Kabalistai niekaip negali aprašyti sielos egzistavimo Begalybėje, nes visas raides, visus informacijos perteikimo būdus mes galime suprasti, pajusti tiktai esant ribums, o ne Begalybėje.

Jei nėra ribų, nėra pojūčių. Mūsų jautimas remiasi kontrastais: juoda – balta, kartu – saldu, gėris – blogis, malonu – nemalonu. Visi mūsų pojūčiai atsiranda dviejų priešingų poveikių sandūroje, panašiai kaip bet kurių matavimo prietaisų pagrindas – pasipriešinimas: turi būti spyruoklė ir matuojamas jos pasipriešinimas, kuris tolygus spaudimui į ją. Mūsų visų tipų pojūčiai grindžiami tokiais palyginimais, tokia mūsų prigimtis.

Tačiau žmogui pradėjus jausti Begalybę, beribį gavimą dėl Kūrėjo, ši siena tarsi išnyksta ir tų pojūčių neįmanoma aprašyti mums suprantamais simboliais, nes jie jau nesiremia prieštaravimu, susidūrimu, kažkokios ribos atsiradimu.

Juk visos raidės sudarytos iš juodų elementų baltame fone, t. y. iš kontrastų, „kairės-dešinės" žymėjimo, apribojimų, perkėlimų. Visos raidės – tikslus taškų, sukrautų tam tikromis kryptimis, vaizdavimas. Be jų mes paprasčiausiai nežinome, ką ir kaip jausti.

Todėl neturime jokios galimybės aprašyti, kas egzistuoja virš Begalybės pasaulio. Kitaip tariant, kalbėti apie patį Kūrėją mes iš tikrųjų negalime, bent jau dabar.

KABALISTINĖS MUZIKOS KALBA

Dvasinius pojūčius galima perduoti ir muzikos kalba. Ši kalba gera tuo, kad žmogus, net nežinantis jokios kitos kabalistinės kalbos, nematantis dvasinės informacijos, gali būti nors truputį emociškai įkvėptas dvasinio pasaulio pojūčių, kuriuos patyrė kabalistas, kurdamas šią muziką.

Tai įmanoma todėl, kad melodija įsiskverbia į žmogų be jokio pasipriešinimo, juk nei mintis, nei protas, nei įsisąmoninimas, nei analizė jos netransformuoja, ji paveikia širdį tiesiogiai. Nesuvokdamas žmogus pradeda jausti savo viduje kažkokį poveikį, kurį daro ši muzika ar tai, kas joje paslėpta.

Kas tokio įdomaus ir ypatingo kabalistinėje muzikoje? Tai, ką jaučia kabalistas dvasiniame pasaulyje. Jis jaučia aukštesnįjį pasaulį, Kūrėjo pasireiškimą. Tai gali būti išreikšta eilėraščiais, dainomis, melodijomis, t. y. bet kokiomis vidinių žmogaus pojūčių įrašymo formomis, kurias žino žmogus.

Vis dėlto iš visų kalbų, iš visų informacijos perteikimo žmogus žmogui būdų muzikos kalba yra pati tiesiausia, atviriausia, nereikalaujanti jokių paaiškinimų. Ji grindžiama tuo, kad turime bendrus jausmus, sampratas, nes priklausome žmonių giminei, gyvenančiai šioje planetoje.

Ši muzika beveik vienodai veikia visiškai skirtingų mentalitetų žmones, kurie nėra pratę prie tokių melodijų.

Kai klausotės kabalistinių melodijų, paprasčiausiai pabandykite pajausti jas tiesiogiai, joms atsiverti, kad šios melodijos prasiskverbtų tiesiai į jus. Vėliau pamatysite, pajusite, kad netgi kartkartėmis jų klausydamiesi patirsite tą patį, kaip ir daug valandų rimtai studijuodami kabalą.

Šios melodijos išreiškia žmogaus ir Kūrėjo ryšį. Šis ryšys susideda iš dviejų komponentų: troškimo (*kli*, dvasinio indo, sielos) ir užpildymo Šviesa (Kūrėjo jautimo).

Jei žmogus, kabalistas, nori parodyti, kaip jis suvokia Kūrėją, kaip Jo trokšta, mes girdime liūdną muziką. O jeigu jis kalba apie troškimų pripildymą, girdime šviesią, džiugią muziką, kartais patiriame saldų ilgesį.

Nors kabalistinės melodijos skamba liūdnai, turi minorinį atspalvį, reikia suprasti, kad taip jas girdime mes. Turėkime galvoje, jog kabalistas, jausdamas šias melodijas, patiria susižavėjimą, didingumą, pakilimą.

Tai kažkas, kas tiesiog pakyli tave ir laiko ore. Štai šį pojūtį perteikia kabalistinės melodijos, tad nesupraskite jų kaip kančių, o kaip gėrėjimąsi, pakilumą, kaip ryšio su Kūrėju skonį.

Visos kabalistinės melodijos perteikia tam tikras dvasines būsenas. Gera jų klausytis, bet reikia nuolatos atminti, kad turime bandyti įsiskverbti į informaciją, kurią gauname klausydamiesi, nes šių garsų viduje dar ateina banga, kurios nepagauna mūsų klausa ir netgi mūsų širdis.

Muzika iš vidaus veikia mūsų „rešimot" – mūsų informacinius, dvasinius genus. O ši banga juos lavina. Taip mes pradedame jausti subtilesnius dvasinius sluoksnius.

Klausimas:
Kažkodėl, kai klausausi kabalistinės muzikos, nuliūstu. Bet juk muzika yra tam, kad pakeltų mums nuotaiką, ar ne taip?

Jei jūs egzistuotumėte lygiuose, apie kuriuos pasakoja ši muzika, ištirptumėte palaimos, malonumo, šviesos vandenyne kaip vaikas mamos glėbyje.

Bet kadangi šios muzikos šviesa ateina pas jus iš tolo, ji turi visų pakopų, skiriančių jus ir tą lygį, iš kurio sklinda ši šviesa, informaciją.

Šiuose garsuose jūs girdite kančią, sielos (*kėlim*, indų) patiriamą šviesos ilgesį. Bet kuo aukščiau kilsite, tuo labiau jausite muzikoje ne liūdesį, o susiliejimo su Mylimuoju švelnumą ir palaimą.

Muzika – kančia nutolusiam nuo Jo ir malonumas tam, kuris arti. Antai, jei esate alkanas ir matote padengtą stalą, jūsų alkis nujaučia džiaugsmą, malonumą. O jei esate alkanas ir stalas tuščias, alkis didina jūsų kančias.

Atskleiskite Kūrėją – tobulybės, amžinybės, malonumų šaltinį, ir jūsų troškimai bus ne kančia, o stimulas pajusti gyvenimą!

Michael Laitman
SLAPTOJI BIBLIJOS PRASMĖ

www.ingramcontent.com/pod-product-compliance
Lightning Source LLC
Chambersburg PA
CBHW071038080526
44587CB00015B/2676